BIRMANO
VOCABOLARIO

PER STUDIO AUTODIDATTICO

ITALIANO-
BIRMANO

Le parole più utili
Per ampliare il proprio lessico e affinare
le proprie abilità linguistiche

3000 parole

Vocabolario Italiano-Birmano per studio autodidattico - 3000 parole

Di Andrey Taranov

I vocabolari T&P Books si propongono come strumento di aiuto per apprendere, memorizzare e revisionare l'uso di termini stranieri. Il dizionario si divide in vari argomenti che includono la maggior parte delle attività quotidiane, tra cui affari, scienza, cultura, ecc.

Il processo di apprendimento delle parole attraverso i dizionari divisi in liste tematiche della collana T&P Books offre i seguenti vantaggi:

- Le fonti d'informazione correttamente raggruppate garantiscono un buon risultato nella memorizzazione delle parole
- La possibilità di memorizzare gruppi di parole con la stessa radice (piuttosto che memorizzarle separatamente)
- Piccoli gruppi di parole facilitano il processo di apprendimento per associazione, utile al potenziamento lessicale
- Il livello di conoscenza della lingua può essere valutato attraverso il numero di parole apprese

T&P Books Publishing
www.tpbooks.com

ISBN: 978-1-83955-064-5

Questo libro è disponibile anche in formato e-book.
Visitate il sito www.tpbooks.com o le principali librerie online.

VOCABOLARIO BIRMANO
per studio autodidattico

I vocabolari T&P Books si propongono come strumento di aiuto per apprendere, memorizzare e revisionare l'uso di termini stranieri. Il vocabolario contiene oltre 3000 parole di uso comune ordinate per argomenti.

- Il vocabolario contiene le parole più comunemente usate
- È consigliato in aggiunta ad un corso di lingua
- Risponde alle esigenze degli studenti di lingue straniere sia essi principianti o di livello avanzato
- Pratico per un uso quotidiano, per gli esercizi di revisione e di autovalutazione
- Consente di valutare la conoscenza del proprio lessico

Caratteristiche specifiche del vocabolario:

- Le parole sono ordinate secondo il proprio significato e non alfabeticamente
- Le parole sono riportate in tre colonne diverse per facilitare il metodo di revisione e autovalutazione
- I gruppi di parole sono divisi in sottogruppi per facilitare il processo di apprendimento
- Il vocabolario offre una pratica e semplice trascrizione fonetica per ogni termine straniero

Il vocabolario contiene 101 argomenti tra cui:

Concetti di Base, Numeri, Colori, Mesi, Stagioni, Unità di Misura, Abbigliamento e Accessori, Cibo e Alimentazione, Ristorante, Membri della Famiglia, Parenti, Personalità, Sentimenti, Emozioni, Malattie, Città, Visita Turistica, Acquisti, Denaro, Casa, Ufficio, Lavoro d'Ufficio, Import-export, Marketing, Ricerca di un Lavoro, Sport, Istruzione, Computer, Internet, Utensili, Natura, Paesi, Nazionalità e altro ancora ...

INDICE

GUIDA ALLA PRONUNCIA

Note di commento

Il MLC Transcription System (MLCTS) è usato come trascrizione in questo libro.
Una descrizione di questo sistema può essere trovata qui:
https://en.wiktionary.org/wiki/Wiktionary:Burmese_transliteration
https://en.wikipedia.org/wiki/MLC_Transcription_System

ABBREVIAZIONI
usate nel vocabolario

Italiano. Abbreviazioni

agg	-	aggettivo
anim.	-	animato
avv	-	avverbio
cong	-	congiunzione
ecc.	-	eccetera
f	-	sostantivo femminile
f pl	-	femminile plurale
fem.	-	femminile
form.	-	formale
inanim.	-	inanimato
inform.	-	familiare
m	-	sostantivo maschile
m pl	-	maschile plurale
m, f	-	maschile, femminile
masc.	-	maschile
mil.	-	militare
pl	-	plurale
pron	-	pronome
qc	-	qualcosa
qn	-	qualcuno
sing.	-	singolare
v aus	-	verbo ausiliare
vi	-	verbo intransitivo
vi, vt	-	verbo intransitivo, transitivo
vr	-	verbo riflessivo
vt	-	verbo transitivo

CONCETTI DI BASE

1. Pronomi

io	ကျွန်ုပ်	kjunou'
tu	သင်	thin
lui	သူ	thu
lei	သူမ	thu ma.
esso	၎င်း	jin:
noi	ကျွန်ုပ်တို့	kjunou' tou.
noi (masc.)	ကျွန်တော်တို့	kjun do. dou.
noi (fem.)	ကျွန်မတို့	kjun ma. tou.
voi	သင်တို့	thin dou.
Lei	သင်	thin
Voi	သင်တို့	thin dou.
essi	သူတို့	thu dou.
loro (masc.)	သူတို့	thu dou.
loro (fem.)	သူမတို့	thu ma. dou.

2. Saluti. Convenevoli

Salve!	မင်္ဂလာပါ	min ga. la ba
Buongiorno!	မင်္ဂလာပါ	min ga. la ba
Buongiorno! (la mattina)	မင်္ဂလာနံနက်ခင်းပါ	min ga, la nan ne' gin: ba
Buon pomeriggio!	မင်္ဂလာနေ့လယ်ခင်းပါ	min ga. la nei. le gin: ba
Buonasera!	မင်္ဂလာညနေခင်းပါ	min ga. la nja nei gin: ba
salutare (vt)	နှုတ်ဆက်သည်	hnou' hsei' te
Ciao! Salve!	ဟိုင်း	hain:
saluto (m)	ဟလို	ha. lou
Come sta?	နေကောင်းပါသလား	nei gaun: ba dha la:
Come stai?	အဆင်ပြေလား	ahsin bjei la:
Che c'è di nuovo?	ဘာထူးသေးလဲ	ba du: dei: le:
Arrivederci!	ဂွတ်ဘိုင်	gu' bain
Ciao!	တာတာ	ta. da
A presto!	မကြာခင်ပြန်ဆုံကြမယ်	ma gja. gin bjan zoun gja. me
Addio! (inform.)	နှုတ်ဆက်ပါတယ်	hnou' hsei' pa de
Addio! (form.)	နှုတ်ဆက်ပါတယ်	hnou' hsei' pa de
congedarsi (vr)	နှုတ်ဆက်သည်	hnou' hsei' te
Ciao! (A presto!)	တာ့တာ	ta. da
Grazie!	ကျေးဇူးတင်ပါတယ်	kjei: zu: din ba de
Grazie mille!	ကျေးဇူးအများကြီးတင်ပါတယ်	kjei: zu: amja: kji: din ba de
Prego	ရပါတယ်	ja. ba de

Non c'è di che!	ကိစ္စမရှိပါဘူး	kei. sa ma. shi. ba bu:
Di niente	ရပါတယ်	ja. ba de

Scusa!	ဆောရီးနော်	hso: ji: no:
Scusi!	တောင်းပန်ပါတယ်	thaun: ban ba de
scusare (vt)	ခွင့်လွှတ်သည်	khwin. hlu' te

scusarsi (vr)	တောင်းပန်သည်	thaun: ban de
Chiedo scusa	တောင်းပန်ပါတယ်	thaun: ban ba de
Mi perdoni!	ခွင့်လွှတ်ပါ	khwin. hlu' pa
perdonare (vt)	ခွင့်လွှတ်သည်	khwin. hlu' te
Non fa niente	ကိစ္စမရှိပါဘူး	kei. sa ma. shi. ba bu:
per favore	ကျေးဇူးပြု၍	kjei: zu: pju. i.

Non dimentichi!	မမေ့ပါနဲ့	ma. mei. ba ne.
Certamente!	ရတာပေါ့	ja. da bo.
Certamente no!	မဟုတ်တာသေချာတယ်	ma hou' ta dhei gja de
D'accordo!	သဘောတူတယ်	dhabo: tu de
Basta!	တော်ပြီ	to bji

3. Domande

Chi?	ဘယ်သူလဲ	be dhu le:
Che cosa?	ဘာလဲ	ba le:
Dove? (in che luogo?)	ဘယ်မှာလဲ	be hma le:
Dove? (~ vai?)	ဘယ်ကိုလဲ	be gou le:
Di dove?, Da dove?	ဘယ်ကလဲ	be ga. le:
Quando?	ဘယ်တော့လဲ	be do. le:
Perché? (per quale scopo?)	ဘာအတွက်လဲ	ba atwe' le:
Perché? (per quale ragione?)	ဘာကြောင့်လဲ	ba gjaun. le:

Per che cosa?	ဘာအတွက်လဲ	ba atwe' le:
Come?	ဘယ်လိုလဲ	be lau le:
Che? (~ colore è?)	ဘယ်လိုမျိုးလဲ	be lau mjou: le:
Quale?	ဘယ်ဟာလဲ	be ha le:

A chi?	ဘယ်သူကိုလဲ	be dhu. gou le:
Di chi?	ဘယ်သူ့အကြောင်းလဲ	be dhu. kjaun: le:
Di che cosa?	ဘာအကြောင်းလဲ	ba akjain: le:
Con chi?	ဘယ်သူနဲ့လဲ	be dhu ne. le:

Quanti?, Quanto?	ဘယ်လောက်လဲ	be lau' le:
Di chi?	ဘယ်သူ	be dhu.

4. Preposizioni

con (tè ~ il latte)	နဲ့အတူ	ne. atu
senza	မပါဘဲ	ma. ba be:
a (andare ~ ...)	သို့	thou.
di (parlare ~ ...)	အကြောင်း	akjaun:
prima di ...	မတိုင်မီ	ma. dain mi
di fronte a ...	ရှေ့မှာ	shei. hma

sotto (avv)	အောက်မှာ	au' hma
sopra (al di ~)	အပေါ်မှာ	apo hma
su (sul tavolo, ecc.)	အပေါ်	apo
da, di (via da ..., fuori di ...)	မှ	hma.
di (fatto ~ cartone)	ဖြင့်	hpjin.
fra (~ dieci minuti)	နောက်	nau'
attraverso (dall'altra parte)	ဖြတ်လျက်	hpja' lje'

5. Parole grammaticali. Avverbi. Parte 1

Dove?	ဘယ်မှာလဲ	be hma le:
qui (in questo luogo)	ဒီမှာ	di hma
lì (in quel luogo)	ဟိုမှာ	hou hma.
da qualche parte (essere ~)	တစ်နေရာရာမှာ	ti' nei ja ja hma
da nessuna parte	ဘယ်မှာမှ	be hma hma.
vicino a ...	နားမှာ	na: hma
vicino alla finestra	ပြတင်းပေါက်နားမှာ	badin: pau' hna: hma
Dove?	ဘယ်ကိုလဲ	be gou le:
qui (vieni ~)	ဒီဘက်ကို	di be' kou
ci (~ vado stasera)	ဟိုဘက်ကို	hou be' kou
da qui	ဒီဘက်မှ	di be' hma
da lì	ဟိုဘက်မှ	hou be' hma.
vicino, accanto (avv)	နီးသည်	ni: de
lontano (avv)	အဝေးမှာ	awei: hma
vicino (~ a Parigi)	နားမှာ	na: hma
vicino (qui ~)	ဘေးမှာ	bei: hma
non lontano	မနီးမဝေး	ma. ni ma. wei:
sinistro (agg)	ဘယ်	be
a sinistra (rimanere ~)	ဘယ်ဘက်မှာ	be be' hma
a sinistra (girare ~)	ဘယ်ဘက်	be be'
destro (agg)	ညာဘက်	nja be'
a destra (rimanere ~)	ညာဘက်မှာ	nja be' hma
a destra (girare ~)	ညာဘက်	nja be'
davanti	ရှေ့မှာ	shei. hma
anteriore (agg)	ရှေ့	shei.
avanti	ရှေ့	shei.
dietro (avv)	နောက်မှာ	nau' hma
da dietro	နောက်က	nau' ka.
indietro	နောက်	nau'
mezzo (m), centro (m)	အလယ်	ale
in mezzo, al centro	အလယ်မှာ	ale hma
di fianco	ဘေးမှာ	bei: hma
dappertutto	နေရာတိုင်းမှာ	nei ja dain: hma

attorno	ပတ်လည်မှာ	pa' le hma
da dentro	အထဲမှ	a hte: hma.
da qualche parte (andare ~)	တစ်နေရာရာကို	ti' nei ja ja gou
dritto (direttamente)	တိုက်ရိုက်	tai' jai'
indietro	အပြန်	apjan

| da qualsiasi parte | တစ်နေရာရာမှ | ti' nei ja ja hma. |
| da qualche posto (veniamo ~) | တစ်နေရာရာမှ | ti' nei ja ja hma. |

in primo luogo	ပထမအနေဖြင့်	pahtama. anei gjin.
in secondo luogo	ဒုတိယအနေဖြင့်	du. di. ja. anei bjin.
in terzo luogo	တတိယအနေဖြင့်	tati. ja. anei bjin.

all'improvviso	မတော်တဆ	ma. do da. za.
all'inizio	အစမှာ	asa. hma
per la prima volta	ပထမဆုံး	pahtama. zoun:
molto tempo prima di...	မတိုင်ခင် အတော်လေး အလိုက	ma. dain gin ato lei: alou ga.
di nuovo	အသစ်တဖန်	athi' da. ban
per sempre	အမြဲတမ်း	amje: dan:

mai	ဘယ်တော့မှ	be do hma.
ancora	တဖန်	tahpan
adesso	အခုတော့	akhu dau.
spesso (avv)	ခဏခဏ	khana. khana.
allora	ထို့သို့ဖြစ်လျှင်	htou dhou. bji' shin
urgentemente	အမြန်	aman
di solito	ပုံမှန်	poun hman

a proposito, ...	စကားမစပ်	zaga: ma. za'
è possibile	ဖြစ်နိုင်သည်	hpjin nain de
probabilmente	ဖြစ်နိုင်သည်	hpji' nein de
forse	ဖြစ်နိုင်သည်	hpji' nein de
inoltre ...	ဒါအပြင်	da. apjin
ecco perché ...	ဒါကြောင့်	da gjaun.
nonostante (~ tutto)	သော်လည်း	tho lei:
grazie a ...	ကြောင့်	kjaun.

che cosa (pron)	ဘာ	ba
che (cong)	ဟု	hu
qualcosa (qualsiasi cosa)	တစ်ခုခု	ti' khu. gu.
qualcosa (le serve ~?)	တစ်ခုခု	ti' khu. gu.
niente	ဘာမှ	ba hma.

chi (pron)	ဘယ်သူ	be dhu.
qualcuno (annuire a ~)	တစ်ယောက်ယောက်	ti' jau' jau'
qualcuno (dipendere da ~)	တစ်ယောက်ယောက်	ti' jau' jau'

nessuno	ဘယ်သူမှ	be dhu hma.
da nessuna parte	ဘယ်ကိုမှ	be gou hma.
di nessuno	ဘယ်သူမှမပိုင်သော	be dhu hma ma. bain de
di qualcuno	တစ်ယောက်ယောက်ရဲ့	ti' jau' jau' je.

così (era ~ arrabbiato)	ဒီလို	di lou
anche (penso ~ a ...)	ထို့ပြင်လည်း	htou. bjin le:
anche, pure	လည်းဘဲ	le: be:

13

6. Parole grammaticali. Avverbi. Parte 2

Perché?	ဘာကြောင့်လဲ	ba gjaun. le:
per qualche ragione	တစ်စုံရကြောင့်	ti' khu. gu. gjaun.
perché ...	အဘယ်ကြောင့်ဆိုသော်	abe gjo:n. zou dho
per qualche motivo	တစ်စုံရအတွက်	ti' khu. gu. atwe'

e (cong)	နှင့်	hnin.
o (sì ~ no?)	သို့မဟုတ်	thou. ma. hou'
ma (però)	ဒါပေမဲ့	da bei me.
per (~ me)	အတွက်	atwe'

troppo	အလွန်	alun
solo (avv)	သာ	tha
esattamente	အတိအကျ	ati. akja.
circa (~ 10 dollari)	ခန့်	khan.

approssimativamente	ခန့်မှန်းခြေအားဖြင့်	khan hman: gjei a: bjin.
approssimativo (agg)	ခန့်မှန်းခြေဖြစ်သော	khan hman: gjei bji' te.
quasi	နီးပါး	ni: ba:
resto	ကျန်သော	kjan de.

l'altro (~ libro)	တခြားသော	tacha: de.
altro (differente)	အခြားသော	apja: de.
ogni (agg)	တိုင်း	tain:
qualsiasi (agg)	မဆို	ma. zou
molti	အမြောက်အများ	amjau' amja:
molto (avv)	အများကြီး	amja: gji:
molta gente	များစွာသော	mja: zwa de.
tutto, tutti	အားလုံး	a: loun:

in cambio di ...	အစား	asa:
in cambio	အစား	asa:
a mano (fatto ~)	လက်ဖြင့်	le' hpjin.
poco probabile	ဖြစ်နိုင်ခြေ နည်းသည်	hpji' nain gjei ni: de

probabilmente	ဖြစ်နိုင်သည်	hpji' nein de
apposta	တမင်	tamin
per caso	အမှတ်တမဲ့	ahma' ta. me.

molto (avv)	သိပ်	thei'
per esempio	ဥပမာအားဖြင့်	upama a: bjin.
fra (~ due)	ကြား	kja:
fra (~ più di due)	ကြားထဲတွင်	ka: de: dwin:
tanto (quantità)	ဒီလောက်	di lau'
soprattutto	အထူးသဖြင့်	a htu: dha. hjin.

NUMERI. VARIE

7. Numeri cardinali. Parte 1

zero (m)	သုည	thoun nja.
uno	တစ်	ti'
due	နှစ်	hni'
tre	သုံး	thoun:
quattro	လေး	lei:
cinque	ငါး	nga:
sei	ခြောက်	chau'
sette	ခုနှစ်	khun hni'
otto	ရှစ်	shi'
nove	ကိုး	kou:
dieci	တစ်ဆယ်	ti' hse
undici	တစ်ဆယ့်တစ်	ti' hse. ti'
dodici	တစ်ဆယ့်နှစ်	ti' hse. hni'
tredici	တစ်ဆယ့်သုံး	ti' hse. thoun:
quattordici	တစ်ဆယ့်လေး	ti' hse. lei:
quindici	တစ်ဆယ့်ငါး	ti' hse. nga:
sedici	တစ်ဆယ့်ခြောက်	ti' hse. khau'
diciassette	တစ်ဆယ့်ခုနှစ်	ti' hse. khu ni'
diciotto	တစ်ဆယ့်ရှစ်	ti' hse. shi'
diciannove	တစ်ဆယ့်ကိုး	ti' hse. gou:
venti	နှစ်ဆယ်	hni' hse
ventuno	နှစ်ဆယ်တစ်	hni' hse. ti'
ventidue	နှစ်ဆယ့်နှစ်	hni' hse. hni'
ventitre	နှစ်ဆယ့်သုံး	hni' hse. thuan:
trenta	သုံးဆယ်	thoun: ze
trentuno	သုံးဆယ်တစ်	thoun: ze. di'
trentadue	သုံးဆယ့်နှစ်	thoun: ze. hni'
trentatre	သုံးဆယ့်သုံး	thoun: ze. dhoun:
quaranta	လေးဆယ်	lei: hse
quarantuno	လေးဆယ့်တစ်	lei: hse. ti'
quarantadue	လေးဆယ့်နှစ်	lei: hse. hni'
quarantatre	လေးဆယ့်သုံး	lei: hse. thaun:
cinquanta	ငါးဆယ်	nga: ze
cinquantuno	ငါးဆယ့်တစ်	nga: ze di'
cinquantadue	ငါးဆယ့်နှစ်	nga: ze hni'
cinquantatre	ငါးဆယ့်သုံး	nga: ze dhoun:
sessanta	ခြောက်ဆယ်	chau' hse
sessantuno	ခြောက်ဆယ့်တစ်	chau' hse. di'

| sessantadue | ခြောက်ဆယ့်နှစ် | chau' hse. hni' |
| sessantatre | ခြောက်ဆယ့်သုံး | chau' hse. dhoun: |

settanta	ခုနစ်ဆယ်	khun hni' hse.
settantuno	ခုနစ်ဆယ့်တစ်	qunxcy•tx
settantadue	ခုနစ်ဆယ့်နှစ်	khun hni' hse. hni
settantatre	ခုနစ်ဆယ့်သုံး	khu. ni' hse. dhoun:

ottanta	ရှစ်ဆယ်	shi' hse
ottantuno	ရှစ်ဆယ့်တစ်	shi' hse. ti'
ottantadue	ရှစ်ဆယ့်နှစ်	shi' hse. hni'
ottantatre	ရှစ်ဆယ့်သုံး	shi' hse. dhun:

novanta	ကိုးဆယ်	kou: hse
novantuno	ကိုးဆယ့်တစ်	kou: hse. ti'
novantadue	ကိုးဆယ့်နှစ်	kou: hse. hni'
novantatre	ကိုးဆယ့်သုံး	kou: hse. dhaun:

8. Numeri cardinali. Parte 2

cento	တစ်ရာ	ti' ja
duecento	နှစ်ရာ	hni' ja
trecento	သုံးရာ	thoun; ja
quattrocento	လေးရာ	lei: ja
cinquecento	ငါးရာ	nga: ja

seicento	ခြောက်ရာ	chau' ja
settecento	ခုနစ်ရာ	khun hni' ja
ottocento	ရှစ်ရာ	shi' ja
novecento	ကိုးရာ	kou: ja

mille	တစ်ထောင်	ti' htaun
duemila	နှစ်ထောင်	hni' taun
tremila	သုံးထောင်	thoun: daun
diecimila	တစ်သောင်း	ti' thaun:
centomila	တစ်သိန်း	ti' thein:
milione (m)	တစ်သန်း	ti' than:
miliardo (m)	ဘီလီယံ	bi li jan

9. Numeri ordinali

primo	ပထမ	pahtama.
secondo	ဒုတိယ	du. di. ja.
terzo	တတိယ	tati, ja,
quarto	စတုတ္ထ	zadou' hta.
quinto	ပဉ္စမ	pjin sama.

sesto	ဆဋ္ဌမ	hsa. htama.
settimo	သတ္တမ	tha' tama.
ottavo	အဋ္ဌမ	a' htama.
nono	နဝမ	na. wa. ma.
decimo	ဒသမ	da dha ma

16

COLORI. UNITÀ DI MISURA

10. Colori

colore (m)	အရောင်	ajaun
sfumatura (f)	အသွေးအဆင်း	athwei: ahsin:
tono (m)	အရောင်အသွေး	ajaun athwei:
arcobaleno (m)	သက်တံ့	the' tan
bianco (agg)	အဖြူရောင်	ahpju jaun
nero (agg)	အနက်ရောင်	ane' jaun
grigio (agg)	မဲရောင်	khe: jaun
verde (agg)	အစိမ်းရောင်	asain: jaun
giallo (agg)	အဝါရောင်	awa jaun
rosso (agg)	အနီရောင်	ani jaun
blu (agg)	အပြာရောင်	apja jaun
azzurro (agg)	အပြာနုရောင်	apja nu. jaun
rosa (agg)	ပန်းရောင်	pan: jaun
arancione (agg)	လိမ္မော်ရောင်	limmo jaun
violetto (agg)	ခရမ်းရောင်	khajan: jaun
marrone (agg)	အညိုရောင်	anjou jaun
d'oro (agg)	ရွှေရောင်	shwei jaun
argenteo (agg)	ငွေရောင်	ngwei jaun
beige (agg)	ဝါညိုနုရောင်	wa njou nu. jaun
color crema (agg)	နို့ဆီရောင်	nou. hni' jaun
turchese (agg)	စိမ်းပြာရောင်	sein: bja jaun
rosso ciliegia (agg)	ချယ်ရီရောင်	che ji jaun
lilla (agg)	ခရမ်းဖျော့ရောင်	khajan: bjo. jaun
rosso lampone (agg)	ကြက်သွေးရောင်	kje' thwei: jaun
chiaro (agg)	အရောင်ဖျော့သော	ajaun bjo. de.
scuro (agg)	အရောင်ရင့်သော	ajaun jin. de.
vivo, vivido (agg)	တောက်ပသော	tau' pa. de.
colorato (agg)	အရောင်ရှိသော	ajaun shi. de.
a colori	ရောင်စုံ	jau' soun
bianco e nero (agg)	အဖြူအမည်း	ahpju ame:
in tinta unita	တစ်ရောင်တည်းရှိသော	ti' jaun te: shi. de.
multicolore (agg)	အရောင်စုံသော	ajaun zoun de.

11. Unità di misura

peso (m)	အလေးချိန်	alei: gjein
lunghezza (f)	အရှည်	ashei

larghezza (f)	အကျယ်	akje
altezza (f)	အမြင့်	amjin.
profondità (f)	အနက်	ane'
volume (m)	ထုထည်	du. de
area (f)	အကျယ်အဝန်း	akje awun:

grammo (m)	ဂရမ်	ga ran
milligrammo (m)	မီလီဂရမ်	mi li ga. jan
chilogrammo (m)	ကီလိုဂရမ်	ki lou ga jan
tonnellata (f)	တန်	tan
libbra (f)	ပေါင်	paun
oncia (f)	အောင်စ	aun sa.

metro (m)	မီတာ	mi ta
millimetro (m)	မီလီမီတာ	mi li mi ta
centimetro (m)	စင်တီမီတာ	sin ti mi ta
chilometro (m)	ကီလိုမီတာ	ki lou mi ta
miglio (m)	မိုင်	main

pollice (m)	လက်မ	le' ma
piede (f)	ပေ	pei
iarda (f)	ကိုက်	kou'

| metro (m) quadro | စတုရန်းမီတာ | satu. jan: mi ta |
| ettaro (m) | ဟက်တာ | he' ta |

litro (m)	လီတာ	li ta
grado (m)	ဒီဂရီ	di ga ji
volt (m)	ဗို့	boi.
ampere (m)	အမ်ပီယာ	an bi ja
cavallo vapore (m)	မြင်းကောင်ရေအား	mjin: gaun jei a:

quantità (f)	အရေအတွက်	ajei adwe'
un po' di ...	နည်းနည်း	ne: ne:
metà (f)	တစ်ဝက်	ti' we'
dozzina (f)	ဒါဇင်	da zin
pezzo (m)	ခု	khu.

| dimensione (f) | အတိုင်းအတာ | atain: ata |
| scala (f) (modello in ~) | စကေး | sakei: |

minimo (agg)	အနည်းဆုံး	ane: zoun
minore (agg)	အသေးဆုံး	athei: zoun:
medio (agg)	အလယ်အလတ်	ale ala'
massimo (agg)	အများဆုံး	amja: zoun:
maggiore (agg)	အကြီးဆုံး	akji: zoun:

12. Contenitori

barattolo (m) di vetro	ဖန်ဘူး	hpan bu:
latta, lattina (f)	သံဘူး	than bu:
secchio (m)	ရေပုံး	jei boun:
barile (m), botte (f)	စည်ပိုင်း	si bain:
catino (m)	ဇလုံ	za loun

serbatoio (m) (per liquidi)	သံစည်	than zi
fiaschetta (f)	အရက်ပုလင်းပြား	aje' pu lin: pja:
tanica (f)	ဓာတ်ဆီပုံး	da' hsi boun:
cisterna (f)	တိုင်ကီ	tain ki

tazza (f)	မတ်ခွက်	ma' khwe'
tazzina (f) (~ di caffé)	ခွက်	khwe'
piattino (m)	အောက်ခံပန်းကန်ပြား	au' khan ban: kan pja:
bicchiere (m) (senza stelo)	ဖန်ခွက်	hpan gwe'
calice (m)	၀ိုင်ခွက်	wain gwe'
casseruola (f)	ပေါင်းအိုး	paun: ou:

bottiglia (f)	ပုလင်း	palin:
collo (m) (~ della bottiglia)	ပုလင်းလည်ပင်း	palin: le bin:

caraffa (f)	ဖန်ရှူင့်	hpan gjain.
brocca (f)	ကရား	kaja:
recipiente (m)	အိုးခွက်	ou: khwe'
vaso (m) di coccio	မြေအိုး	mjei ou:
vaso (m) di fiori	ပန်းအိုး	pan: ou:

boccetta (f) (~ di profumo)	ပုလင်း	palin:
fiala (f)	ပုလင်းကလေး	palin: galei:
tubetto (m)	ဘူး	bu:

sacco (m) (~ di patate)	ဂုန်နီအိတ်	goun ni ei'
sacchetto (m) (~ di plastica)	အိတ်	ei'
pacchetto (m)	ဘူး	bu:
(~ di sigarette, ecc.)		

scatola (f) (~ per scarpe)	စက္ကူဘူး	se' ku bu:
cassa (f) (~ di vino, ecc.)	သေတ္တာ	thi' ta
cesta (f)	တောင်း	taun:

I VERBI PIÙ IMPORTANTI

13. I verbi più importanti. Parte 1

accorgersi (vr)	သတိထားမိသည်	dhadi. da: mi. de
afferrare (vt)	ဖမ်းသည်	hpan: de
affittare (dare in affitto)	ငှားသည်	hnga: de
aiutare (vt)	ကူညီသည်	ku nji de
amare (qn)	ချစ်သည်	chi' te
andare (camminare)	သွားသည်	thwa: de
annotare (vt)	ရေးထားသည်	jei: da: de
appartenere (vi)	ပိုင်ဆိုင်သည်	pain zain de
aprire (vt)	ဖွင့်သည်	hpwin. de
arrivare (vi)	ရောက်သည်	jau' te
aspettare (vt)	စောင့်သည်	saun. de
avere (vt)	ရှိသည်	shi. de
avere fame	ဗိုက်ဆာသည်	bai' hsa de
avere fretta	လောသည်	lo de
avere paura	ကြောက်သည်	kjau' te
avere sete	ရေဆာသည်	jei za de
avvertire (vt)	သတိပေးသည်	dhadi. pei: de
cacciare (vt)	အမဲလိုက်သည်	ame: lai' de
cadere (vi)	ကျ‌ရောင်းသည်	kja zin: de
cambiare (vt)	ပြောင်းလဲသည်	pjaun: le: de
capire (vt)	နားလည်သည်	na: le de
cenare (vi)	ညစာစားသည်	nja. za za: de
cercare (vt)	ရှာသည်	sha de
cessare (vt)	ရပ်သည်	ja' te
chiedere (~ aiuto)	ခေါ်သည်	kho de
chiedere (domandare)	မေးသည်	mei: de
cominciare (vt)	စတင်သည်	sa. tin de
comparare (vt)	နှိုင်းယှဉ်သည်	hnain: shin de
confondere (vt)	ရောထွေးသည်	jo: dwei: de
conoscere (qn)	သိသည်	thi. de
conservare (vt)	ထိန်းထားသည်	htein: da: de
consigliare (vt)	အကြံပေးသည်	akjan bei: de
contare (calcolare)	ရေတွက်သည်	jei dwe' te
contare su ...	အားကိုးသည်	a: kou: de
continuare (vt)	ဆက်လုပ်သည်	hse' lou' te
controllare (vt)	ထိန်းချုပ်သည်	htein: gjou' te
correre (vi)	ပြေးသည်	pjei: de
costare (vt)	ကုန်ကျသည်	koun kja de
creare (vt)	ဖန်တီးသည်	hpan di: de
cucinare (vi)	ချက်ပြုတ်သည်	che' pjou' te

20

14. I verbi più importanti. Parte 2

dare (vt)	ပေးသည်	pei: de
dare un suggerimento	အရိပ်အမြွက်ပေးသည်	aji' ajmwe' pei: de
decorare (adornare)	အလှဆင်သည်	ahla. zin dhe
difendere (~ un paese)	ကာကွယ်သည်	ka gwe de
dimenticare (vt)	မေ့သည်	mei. de

dire (~ la verità)	ပြောသည်	pjo: de
dirigere (compagnia, ecc.)	ညွှန်ကြားသည်	hnjun gja: de
discutere (vt)	ဆွေးနွေးသည်	hswe: nwe: de
domandare (vt)	တောင်းဆိုသည်	taun: hsou: de
dubitare (vi)	သံသယဖြစ်သည်	than thaja. bji' te

entrare (vi)	ဝင်သည်	win de
esigere (vt)	တိုက်တွန်းသည်	tai' tun: de
esistere (vi)	တည်ရှိသည်	ti shi. de
essere (~ a dieta)	ဖြစ်နေသည်	hpji' nei de
essere (~ un insegnante)	ဖြစ်သည်	hpji' te

essere d'accordo	သဘောတူသည်	dhabo: tu de
fare (vt)	ပြုလုပ်သည်	pju. lou' te
fare colazione	နံနက်စာစားသည်	nan ne' za za: de

fare il bagno	ရေကူးသည်	jei ku: de
fermarsi (vr)	ရပ်သည်	ja' te
fidarsi (vr)	ယုံကြည်သည်	joun kji de
finire (vt)	ပြီးသည်	pji: de
firmare (~ un documento)	လက်မှတ်ထိုးသည်	le' hma' htou: de

giocare (vi)	ကစားသည်	gaza: de
girare (~ a destra)	ကွေ့သည်	kwei. de
gridare (vi)	အော်သည်	o de
indovinare (vt)	မှန်းဆသည်	hman za de
informare (vt)	အကြောင်းကြားသည်	akjaun: kja: de

ingannare (vt)	လိမ်ပြောသည်	lain bjo: de
insistere (vi)	တိုက်တွန်းပြောဆိုသည်	tou' tun: bjo: zou de
insultare (vt)	စော်ကားသည်	so ga: de
interessarsi di …	စိတ်ဝင်စားသည်	sei' win za: de
invitare (vt)	ဖိတ်သည်	hpi' de

lamentarsi (vr)	တိုင်ပြောသည်	tain bjo: de
lasciar cadere	ဖြုတ်ချသည်	hpjou' cha. de
lavorare (vi)	အလုပ်လုပ်သည်	alou' lou' te
leggere (vi, vt)	ဖတ်သည်	hpa' te
liberare (vt)	လွတ်မြောက်စေသည်	lu' mjau' sei de

15. I verbi più importanti. Parte 3

mancare le lezioni	ပျက်ကွက်သည်	pje' kwe' te
mandare (vt)	ပို့သည်	pou. de
menzionare (vt)	ဖော်ပြသည်	hpjo bja. de

minacciare (vt)	ခြိမ်းခြောက်သည်	chein: gjau' te
mostrare (vt)	ပြသည်	pja. de

nascondere (vt)	ဖုံးကွယ်သည်	hpoun: gwe de
nuotare (vi)	ရေကူးသည်	jei ku: de
obiettare (vt)	ငြင်းသည်	njin: de
occorrere (vimp)	အလိုရှိသည်	alou' shi. de
ordinare (~ il pranzo)	မှာသည်	hma de

ordinare (mil.)	အမိန့်ပေးသည်	amin. bei: de
osservare (vt)	စောင့်ကြည့်သည်	saun. gji. de
pagare (vi, vt)	ပေးရေသည်	pei: gjei de
parlare (vi, vt)	ပြောသည်	pjo: de
partecipare (vi)	ပါဝင်သည်	pa win de

pensare (vi, vt)	ထင်သည်	htin de
perdonare (vt)	ခွင့်လွှတ်သည်	khwin. hlu' te
permettere (vt)	ခွင့်ပြုသည်	khwin bju. de
piacere (vi)	ကြိုက်သည်	kjai' de
piangere (vi)	ငိုသည်	ngou de

pianificare (vt)	စီစဉ်သည်	si zin de
possedere (vt)	ပိုင်ဆိုင်သည်	pain zain de
potere (v aus)	တတ်နိုင်သည်	ta' nain de
pranzare (vi)	နေ့လယ်စာစားသည်	nei. le za za de
preferire (vt)	ပိုကြိုက်သည်	pou gjai' te

pregare (vi, vt)	ရှိးသည်	shi. gou: de
prendere (vt)	ယူသည်	ju de
prevedere (vt)	ကြိုမြင်သည်	kjou mjin de
promettere (vt)	ကတိပေးသည်	gadi pei: de
pronunciare (vt)	အသံထွက်သည်	athan dwe' te

proporre (vt)	အဆိုပြုသည်	ahsou bju. de
punire (vt)	အပြစ်ပေးသည်	apja' pei: de
raccomandare (vt)	အကြံပြုထောက်ခံသည်	akjan pju htau' khan de
ridere (vi)	ရယ်သည်	je de
rifiutarsi (vr)	ငြင်းဆန်သည်	njin: zan de

rincrescere (vi)	နောင်တရသည်	naun da. ja. de
ripetere (ridire)	ထပ်လုပ်သည်	hta' lou' te
riservare (vt)	မှာသည်	hma de
rispondere (vi, vt)	ဖြေသည်	hpjei de
rompere (spaccare)	ဖျက်ဆီးသည်	hpje' hsi: de
rubare (~ i soldi)	ခိုးသည်	khou: de

16. I verbi più importanti. Parte 4

salvare (~ la vita a qn)	ကယ်ဆယ်သည်	ke ze de
sapere (vt)	သိသည်	thi. de
sbagliare (vi)	မှားသည်	hma: de
scavare (vt)	တူးသည်	tu: de
scegliere (vt)	ရွေးသည်	jwei: de
scendere (vi)	ဆင်းသည်	hsin: de

scherzare (vi)	စနောက်သည်	sanau' te
scrivere (vt)	ရေးသည်	jei: de
scusare (vt)	ခွင့်လွှတ်သည်	khwin. hlu' te
scusarsi (vr)	တောင်းပန်သည်	thaun: ban de
sedersi (vr)	ထိုင်သည်	htain de
seguire (vt)	လိုက်သည်	lai' te
sgridare (vt)	ဆူသည်	hsu. de
significare (vt)	ဆိုလိုသည်	hsou lou de
sorridere (vi)	ပြုံးသည်	pjoun: de
sottovalutare (vt)	လျှော့တွက်သည်	sho. dwe' de
sparare (vi)	ပစ်သည်	pi' te
sperare (vi, vt)	မျှော်လင့်သည်	hmjo. lin. de
spiegare (vt)	ရှင်းပြသည်	shin: bja. de
studiare (vt)	သင်ယူလေ့လာသည်	thin ju lei. la de
stupirsi (vr)	အံ့သြသည်	an. o. de
tacere (vi)	နှုတ်ဆိတ်သည်	hnou' hsei' te
tentare (vt)	စမ်းကြည့်သည်	san: kji. de
toccare (~ con le mani)	ကိုင်သည်	kain de
tradurre (vt)	ဘာသာပြန်သည်	ba dha bjan de
trovare (vt)	ရှာတွေ့သည်	sha dwei. de
uccidere (vt)	သတ်သည်	tha' te
udire (percepire suoni)	ကြားသည်	ka: de
unire (vt)	ပေါင်းစည်းသည်	paun: ze: de
uscire (vi)	ထွက်သည်	htwe' te
vantarsi (vr)	ကြွားသည်	kjwa: de
vedere (vt)	မြင်သည်	mjin de
vendere (vt)	ရောင်းသည်	jaun: de
volare (vi)	ပျံသန်းသည်	pjan dan: de
volere (desiderare)	လိုချင်သည်	lou gjin de

ORARIO. CALENDARIO

17. Giorni della settimana

lunedì (m)	တနင်္လာ	tanin: la
martedì (m)	အင်္ဂါ	in ga
mercoledì (m)	ဗုဒ္ဓဟူး	bou' da. hu:
giovedì (m)	ကြာသပတေး	kja dha ba. dei:
venerdì (m)	သောကြာ	thau' kja
sabato (m)	စနေ	sanei
domenica (f)	တနင်္ဂနွေ	tanin: ganwei

oggi (avv)	ယနေ့	ja. nei.
domani	မနက်ဖြန်	mane' bjan
dopodomani	သဘက်ခါ	dhabe' kha
ieri (avv)	မနေ့က	ma. nei. ka.
l'altro ieri	တနေ့က	ta. nei. ga.

giorno (m)	နေ့	nei.
giorno (m) lavorativo	ရုံးဖွင့်ရက်	joun: hpwin je'
giorno (m) festivo	ပွဲတော်ရက်	pwe: do je'
giorno (m) di riposo	ရုံးပိတ်ရက်	joun: bei' je'
fine (m) settimana	ရုံးပိတ်ရက်များ	joun: hpwin je' mja:

tutto il giorno	တနေ့လုံး	ta. nei. loun:
l'indomani	နောက်နေ့	nau' nei.
due giorni fa	လွန်ခဲ့သော နှစ်ရက်က	lun ge: de. hni' ja' ka.
il giorno prima	အကြိုနေ့မှာ	akjou nei. hma
quotidiano (agg)	နေ့စဉ်	nei. zin
ogni giorno	နေ့တိုင်း	nei dain:

settimana (f)	ရက်သတ္တပတ်	je' tha' daba'
la settimana scorsa	ပြီးခဲ့တဲ့အပတ်က	pji: ge. de. apa' ka.
la settimana prossima	လာမယ့်အပတ်မှာ	la. me. apa' hma
settimanale (agg)	အပတ်စဉ်	apa' sin
ogni settimana	အပတ်စဉ်	apa' sin
due volte alla settimana	တစ်ပတ် နှစ်ကြိမ်	ti' pa' hni' kjein
ogni martedì	အင်္ဂါနေ့တိုင်း	in ga nei. dain:

18. Ore. Giorno e notte

mattina (f)	နံနက်ခင်း	nan ne' gin:
di mattina	နံနက်ခင်းမှာ	nan ne' gin: hma
mezzogiorno (m)	မွန်းတည့်	mun: de.
nel pomeriggio	နေ့လယ်စာစားရှိန်ပြီးနောက်	nei. le za za: gjein bji: nau'

sera (f)	ညနေခင်း	nja. nei gin:
di sera	ညနေခင်းမှာ	nja. nei gin: hma

notte (f)	ည	nja
di notte	ညမှာ	nja hma
mezzanotte (f)	သန်းခေါင်ယံ	than: gaun jan

secondo (m)	စက္ကန့်	se' kan.
minuto (m)	မိနစ်	mi. ni'
ora (f)	နာရီ	na ji
mezzora (f)	နာရီဝက်	na ji we'
un quarto d'ora	လယ်ပိုင်းမိနစ်	hse. nga: mi. ni'
quindici minuti	၁၅ မိနစ်	ta' hse. nga: mi ni'
ventiquattro ore	နှစ်ဆယ်လေးနာရီ	hni' hse lei: na ji

levata (f) del sole	နေထွက်ချိန်	nei dwe' gjein
alba (f)	အာရုဏ်ဦး	a joun u:
mattutino (m)	နံနက်စောစော	nan ne' so: zo:
tramonto (m)	နေဝင်ချိန်	nei win gjein

di buon mattino	နံနက်အစောပိုင်း	nan ne' aso: bain:
stamattina	ယနေ့နံနက်	ja. nei. nan ne'
domattina	မနက်ဖြန်နံနက်	mane' bjan nan ne'

oggi pomeriggio	ယနေ့နေ့လယ်	ja. nei. nei. le
nel pomeriggio	နေ့လယ်စာစားချိန်ပြီးနောက်	nei. le za za: gjein bji: nau'
domani pomeriggio	မနက်ဖြန်မွန်းလွဲပိုင်း	mane' bjan mun: lwe: bain:

| stasera | ယနေ့ညနေ | ja. nei. nja. nei |
| domani sera | မနက်ဖြန်ညနေ | mane' bjan nja. nei |

alle tre precise	၃ နာရီတွင်	thoun: na ji dwin
verso le quattro	၄ နာရီခန့်တွင်	lei: na ji khan dwin
per le dodici	၁၂ နာရီအရောက်	hse. hni' na ji ajau'

fra venti minuti	နောက် မိနစ် ၂၀ မှာ	nau' mi. ni' hni' se hma
fra un'ora	နောက်တစ်နာရီမှာ	nau' ti' na ji hma
puntualmente	အချိန်ကိုက်	achein kai'

un quarto di …	မတ်တင်း	ma' tin:
entro un'ora	တစ်နာရီအတွင်း	ti' na ji atwin:
ogni quindici minuti	၁၅ မိနစ်တိုင်း	ta' hse. nga: mi ni' htain:
giorno e notte	၂၄ နာရီလုံး	hna' hse. lei: na ji

19. Mesi. Stagioni

gennaio (m)	ဇန်နဝါရီလ	zan na. wa ji la.
febbraio (m)	ဖေဖော်ဝါရီလ	hpei bo wa ji la
marzo (m)	မတ်လ	ma' la.
aprile (m)	ဧပြီလ	el bji la.
maggio (m)	မေလ	mei la.
giugno (m)	ဇွန်လ	zun la.

luglio (m)	ဇူလိုင်လ	zu lain la.
agosto (m)	ဩဂုတ်လ	o: gou' la.
settembre (m)	စက်တင်ဘာလ	sa' htin ba la.
ottobre (m)	အောက်တိုဘာလ	au' tou ba la

novembre (m)	နိုဝင်ဘာလ	nou win ba la.
dicembre (m)	ဒီဇင်ဘာလ	di zin ba la.
primavera (f)	နွေဦးရာသီ	nwei: u: ja dhi
in primavera	နွေဦးရာသီမှာ	nwei: u: ja dhi hma
primaverile (agg)	နွေဦးရာသီနှင့်ဆိုင်သော	nwei: u: ja dhi hnin. zain de.
estate (f)	နွေရာသီ	nwei: ja dhi
in estate	နွေရာသီမှာ	nwei: ja dhi hma
estivo (agg)	နွေရာသီနှင့်ဆိုင်သော	nwei: ja dhi hnin. zain de.
autunno (m)	ဆောင်းဦးရာသီ	hsaun: u: ja dhi
in autunno	ဆောင်းဦးရာသီမှာ	hsaun: u: ja dhi hma
autunnale (agg)	ဆောင်းဦးရာသီနှင့်ဆိုင်သော	hsaun: u: ja dhi hnin. zain de.
inverno (m)	ဆောင်းရာသီ	hsaun: ja dhi
in inverno	ဆောင်းရာသီမှာ	hsaun: ja dhi hma
invernale (agg)	ဆောင်းရာသီနှင့်ဆိုင်သော	hsaun: ja dhi hnin. zain de.
mese (m)	လ	la.
questo mese	ဒီလ	di la.
il mese prossimo	နောက်လ	nau' la
il mese scorso	ယခင်လ	jakhin la.
un mese fa	ပြီးခဲ့တဲ့တစ်လကျော်	pji: ge. de. di' la. gjo
fra un mese	နောက်တစ်လကျော်	nau' ti' la. gjo
fra due mesi	နောက်နှစ်လကျော်	nau' hni' la. gjo
un mese intero	တစ်လလုံး	ti' la. loun:
per tutto il mese	တစ်လလုံး	ti' la. loun:
mensile (rivista ~)	လစဉ်	la. zin
mensilmente	လစဉ်	la. zin
ogni mese	လတိုင်း	la. dain:
due volte al mese	တစ်လနှစ်ကြိမ်	ti' la. hni' kjein:
anno (m)	နှစ်	hni'
quest'anno	ဒီနှစ်မှာ	di hna' hma
l'anno prossimo	နောက်နှစ်မှာ	nau' hni' hnma
l'anno scorso	ယခင်နှစ်မှာ	jakhin hni' hma
un anno fa	ပြီးခဲ့တဲ့တစ်နှစ်ကျော်က	pji: ge. de. di' hni' kjo ga.
fra un anno	နောက်တစ်နှစ်ကျော်	nau' ti' hni' gjo
fra due anni	နောက်နှစ်နှစ်ကျော်	nau' hni' hni' gjo
un anno intero	တစ်နှစ်လုံး	ti' hni' loun:
per tutto l'anno	တစ်နှစ်လုံး	ti' hni' loun:
ogni anno	နှစ်တိုင်း	hni' tain:
annuale (agg)	နှစ်စဉ်ဖြစ်သော	hni' san bji' te.
annualmente	နှစ်စဉ်	hni' san
quattro volte all'anno	တစ်နှစ်လေးကြိမ်	ti' hni' lei: gjein
data (f) (~ di oggi)	နေ့	nei. zwe:
data (f) (~ di nascita)	ရက်စွဲ	je' swe:
calendario (m)	ပြက္ခဒိန်	pje' gadein
mezz'anno (m)	နှစ်ဝက်	hni' we'
semestre (m)	နှစ်ဝက်	hni' we'

stagione (f) (estate, ecc.)	ရာသီ	ja dhi
secolo (m)	ရာစု	jazu.

VIAGGIO. HOTEL

20. Escursione. Viaggio

Italiano	Birmano	Traslitterazione
turismo (m)	ခရီးသွားလုပ်ငန်း	khaji: thwa: lou' ngan:
turista (m)	ကျွာလှည့်ခရီးသည်	ga ba hli. kha. ji: de
viaggio (m) (all'estero)	ခရီးထွက်ခြင်း	khaji: htwe' chin;
avventura (f)	စွန့်စားမှု	sun. za: hmu.
viaggio (m) (corto)	ခရီး	khaji:
vacanza (f)	ရွှင်ရက်	khwin. je'
essere in vacanza	အရွှင့်ယူသည်	akhwin. ju de
riposo (m)	အနားယူခြင်း	ana: ju gjin:
treno (m)	ရထား	jatha:
in treno	ရထားနဲ့	jatha: ne.
aereo (m)	လေယာဉ်	lei jan
in aereo	လေယာဉ်နဲ့	lei jan ne.
in macchina	ကားနဲ့	ka: ne.
in nave	သင်္ဘောနဲ့	thin: bo: ne.
bagaglio (m)	ဝန်စည်စလည်	wun zi za. li
valigia (f)	သားရေသေတ္တာ	tha: jei dhi' ta
carrello (m)	ပစ္စည်းတင်ရန်တွန်းလှည်း	pji' si: din jan dun: hle:
passaporto (m)	နိုင်ငံကူးလက်မှတ်	nain ngan gu: le' hma'
visto (m)	ဗီဇာ	bi za
biglietto (m)	လက်မှတ်	le' hma'
biglietto (m) aereo	လေယာဉ်လက်မှတ်	lei jan le' hma'
guida (f)	လမ်းညွှန်စာအုပ်	lan: hnjun za ou'
carta (f) geografica	မြေပုံ	mjei boun
località (f)	ဒေသ	dei dha.
luogo (m)	နေရာ	nei ja
oggetti (m pl) esotici	အထူးအဆန်းပစ္စည်း	a htu: a hsan: bji' si:
esotico (agg)	အထူးအဆန်းဖြစ်သော	a htu: a hsan: hpja' te.
sorprendente (agg)	အံ့သြစရာကောင်းသော	an. o: sa ja kaun de.
gruppo (m)	အုပ်စု	ou' zu.
escursione (f)	လေ့လာရေးခရီး	lei. la jei: gaji:
guida (f) (cicerone)	လမ်းညွှန်	lan: hnjun

21. Hotel

Italiano	Birmano	Traslitterazione
albergo (m)	ဟိုတယ်	hou te
motel (m)	မိုတယ်	mou te
tre stelle	ကြယ် ၃ ပွင့်အဆင့်	kje thoun: pwin, ahsin.

cinque stelle	ကြယ် ၅ ပွင့်အဆင့်	kje nga: pwin. ahsin.
alloggiare (vi)	တည်းခိုသည်	te: khou de

camera (f)	အခန်း	akhan:
camera (f) singola	တစ်ယောက်ခန်း	ti' jau' khan:
camera (f) doppia	နှစ်ယောက်ခန်း	hni' jau' khan:
prenotare una camera	ကြိုတင်မှာယူသည်	kjou tin hma ju de

mezza pensione (f)	ကြိုတင်တစ်ဝက်ငွေရှေ့ရှင်း	kjou tin di' we' ngwe gjei gjin:
pensione (f) completa	ငွေအပြည့်ကြို တင်ပေးရှေ့ရှင်း	ngwei apjei. kjou din bei: chei chin:

con bagno	ရေချိုးခန်းနှင့်	jei gjou gan: hnin.
con doccia	ရေပန်းနှင့်	jei ban: hnin.
televisione (f) satellitare	ဂြိုဟ်တုရုပ်မြင်သံကြား	gjou' htu. jou' mjin dhan gja:
condizionatore (m)	လေအေးပေးစက်	lei ei: bei: ze'
asciugamano (m)	တဘက်	tabe'
chiave (f)	သော့	tho.

amministratore (m)	အုပ်ချုပ်ရေးမှူး	ou' chu' jei: hmu:
cameriera (f)	သန့်ရှင်းရေးဝန်ထမ်း	than. shin: jei: wun dan:
portabagagli (m)	အထမ်းသမား	a htan: dha. ma:
portiere (m)	တံခါးဝမှ စောင့်ကြို	daga: wa. hma. e. kjou

ristorante (m)	စားသောက်ဆိုင်	sa: thau' hsain
bar (m)	ဘား	ba:
colazione (f)	နံနက်စာ	nan ne' za
cena (f)	ညစာ	nja. za
buffet (m)	ဘူဖေး	bu hpei:

hall (f) (atrio d'ingresso)	နာရောင်ခန်း	hna jaun gan:
ascensore (m)	ဓာတ်လှေကား	da' hlei ga:

NON DISTURBARE	မနှောင့်ယှက်ရ	ma. hnaun hje' ja.
VIETATO FUMARE!	ဆေးလိပ်မသောက်ရ	hsei: lei' ma. dhau' ja.

22. Visita turistica

monumento (m)	ရုပ်တု	jou' tu.
fortezza (f)	ခံတပ်ကြီး	khwan da' kji:
palazzo (m)	နန်းတော်	nan do
castello (m)	ရဲတိုက်	je: dai'
torre (f)	မျှော်စင်	hmjo zin
mausoleo (m)	ဂူဗိမာန်	gu bi. man

architettura (f)	ဗိသုကာပညာ	bi. thu. ka pjin nja
medievale (agg)	အလယ်ခေတ်နှင့်ဆိုင်သော	ale khei' hnin. zain de.
antico (agg)	ရှေးကျသော	shei: gja. de
nazionale (agg)	အမျိုးသားနှင့်ဆိုင်သော	amjou: dha: hnin. zain de.
famoso (agg)	နာမည်ကြီးသော	na me gji: de.

turista (m)	ကမ္ဘာလှည့်ခရီးသည်	ga ba hli. kha. ji: de
guida (f)	လမ်းညွှန်	lan: hnjun
escursione (f)	လေ့လာရေးခရီး	lei. la jei: gaji:

fare vedere	ပြသည်	pja. de
raccontare (vt)	ပြောပြသည်	pjo: bja. de
trovare (vt)	ရှာတွေ့သည်	sha dwei. de
perdersi (vr)	ပျောက်သည်	pjau' te
mappa (f)	မြေပုံ	mjei boun
(~ della metropolitana)		
piantina (f) (~ della città)	မြေပုံ	mjei boun
souvenir (m)	အမှတ်တရလက်ဆောင်ပစ္စည်း	ahma' ta ra le' hsaun pji' si:
negozio (m) di articoli	လက်ဆောင်ပစ္စည်းဆိုင်	le' hsaun pji' si: zain
da regalo		
fare foto	ဓာတ်ပုံရိုက်သည်	da' poun jai' te
fotografarsi	ဓာတ်ပုံရိုက်သည်	da' poun jai' te

MEZZI DI TRASPORTO

aeroporto (m)	လေဆိပ်	lei zi'
aereo (m)	လေယာဉ်	lei jan
compagnia (f) aerea	လေယာဉ်ကြောင်း	lei gjaun;
controllore (m) di volo	လေယာဉ်ကြောင်းထိန်း	lei kjaun: din:
partenza (f)	ထွက်ခွာရာ	htwe' khwa ja
arrivo (m)	ဆိုက်ရောက်ရာ	hseu' jau' ja
arrivare (vi)	ဆိုက်ရောက်သည်	hsai' jau' te
ora (f) di partenza	ထွက်ခွာချိန်	htwe' khwa gjein
ora (f) di arrivo	ဆိုက်ရောက်ချိန်	hseu' jau' chein
essere ritardato	နောက်ကျသည်	nau' kja. de
volo (m) ritardato	လေယာဉ်နောက်ကျခြင်း	lei jan nau' kja. chin:
tabellone (m) orari	လေယာဉ်ခရီးစဉ်ပြဘုတ်	lei jan ga. ji: zi bja. bou'
informazione (f)	သတင်းအချက်အလက်	dhadin: akje' ale'
annunciare (vt)	ကြေငြာသည်	kjei nja de
volo (m)	ပျံသန်းမှု	pjan dan: hmu.
dogana (f)	အကောက်ဆိပ်	akau' hsein
doganiere (m)	အကောက်ခွန်အရာရှိ	akau' khun aja shi.
dichiarazione (f)	အကောက်ခွန်ကြေငြာချက်	akau' khun gjei nja gje'
riempire	လျှောက်လွှာဖြည့်သည်	shau' hlwa bji. de
(~ una dichiarazione)		
riempire una dichiarazione	သယ်ယူပစ္စည်းစာရင်း	the ju pji' si: zajin:
	ကြေညာသည်	kjei nja de
controllo (m) passaporti	ပတ်စ်ပို့ထိန်းချုပ်မှု	pa's pou. htein: gju' hmu.
bagaglio (m)	ဝန်စည်စလယ်	wun zi za. li
bagaglio (m) a mano	လက်ဆွဲပစ္စည်း	le' swe: pji' si:
carrello (m)	ပစ္စည်းတင်သည့်လှည်း	pji' si: din dhe. hle:
atterraggio (m)	ဆင်းသက်ခြင်း	hsin: dha' chin:
pista (f) di atterraggio	အဆင်းလမ်း	ahsin: lan:
atterrare (vi)	ဆင်းသက်သည်	hsin: dha' te
scaletta (f) dell'aereo	လေယာဉ်လှေကား	lei jan hlei ka:
check-in (m)	စာရင်းသွင်းခြင်း	sajin: dhwin: gjin:
banco (m) del check-in	စာရင်းသွင်းကောင်တာ	sajin: gaun da
fare il check-in	စာရင်းသွင်းသည်	sajin: dhwin: de
carta (f) d'imbarco	လေယာဉ်ပေါ်တက်ခွင့်လက်မှတ်	lei jan bo de' khwin. le' hma'
porta (f) d'imbarco	လေယာဉ်ထွက်ခွာရာဂိတ်	lei jan dwe' khwa ja gei'
transito (m)	အကူးအပြောင်း	aku: apjaun:
aspettare (vt)	စောင့်သည်	saun. de

sala (f) d'attesa	ထွက်ရွာရာခန်းမ	htwe' kha ja gan: ma.
accompagnare (vt)	လိုက်ပို့သည်	lai' bou. de
congedarsi (vr)	နုတ်ဆက်သည်	hnou' hsei' te

24. Aeroplano

aereo (m)	လေယာဉ်	lei jan
biglietto (m) aereo	လေယာဉ်လက်မှတ်	lei jan le' hma'
compagnia (f) aerea	လေကြောင်း	lei gjaun:
aeroporto (m)	လေဆိပ်	lei zi'
supersonico (agg)	အသံထက်မြန်သော	athan de' mjan de.

comandante (m)	လေယာဉ်မှူး	lei jan hmu:
equipaggio (m)	လေယာဉ်အမှုထမ်းအဖွဲ့	lei jan ahmu. dan: ahpwe.
pilota (m)	လေယာဉ်မောင်းသူ	lei jan maun dhu
hostess (f)	လေယာဉ်မယ်	lei jan me
navigatore (m)	လေကြောင်းပြ	lei gjaun: bja.

ali (f pl)	လေယာဉ်တောင်ပံ	lei jan daun ban
coda (f)	လေယာဉ်အမြီး	lei jan amji:
cabina (f)	လေယာဉ်မောင်းအခန်း	lei jan maun akhan:
motore (m)	အင်ဂျင်	in gjin
carrello (m) d'atterraggio	အောက်ခံဘောင်	au' khan baun
turbina (f)	တာဗိုင်	ta bain

elica (f)	ပန်ကာ	pan ga
scatola (f) nera	ဘလက်ဘောက်	ba. le' bo'

barra (f) di comando	ပွဲကိုင်ဘီး	pe. gain bi:
combustibile (m)	လောင်စာ	laun za

safety card (f)	အရွေးဆွပေါ်လုံခြုံရေးညွှန်ကြားစာ	ajei: po' choun loun jei: hnjun gja: za
maschera (f) ad ossigeno	အောက်ဆီဂျင်မျက်နှာဖုံး	au' hsi gjin mje' hna hpoun:
uniforme (f)	ယူနီဖောင်း	ju ni hpaun:

giubbotto (m) di salvataggio	အသက်ကယ်အကျႇီ	athe' kai in: gji
paracadute (m)	လေထီး	lei di:

decollo (m)	ထွက်ရွှါခြင်း	htwe' khwa gjin:
decollare (vi)	ပျံတက်သည်	pjan de' te
pista (f) di decollo	လေယာဉ်ပြေးလမ်း	lei jan bei: lan:

visibilità (f)	မြင်ကွင်း	mjin gwin:
volo (m)	ပျံသန်းခြင်း	pjan dan: gjin:

altitudine (f)	အမြင့်	amjin.
vuoto (m) d'aria	လေမငြိမ်အရပ်	lei ma ngjin aja'

posto (m)	ထိုင်နံ	htain goun
cuffia (f)	နားကြပ်	na: kja'
tavolinetto (m) pieghevole	ခေါက်စားပွဲ	khau' sa: bwe:
oblò (m), finestrino (m)	လေယာဉ်ပြတင်းပေါက်	lei jan bja. din: bau'
corridoio (m)	မင်းလမ်း	min: lan:

25. Treno

treno (m)	ရထား	jatha:
elettrotreno (m)	လျပ်စစ်ဓာတ်အားသုံးရထား	hlja' si' da' a: dhou: ja da:
treno (m) rapido	အမြန်ရထား	aman ja. hta:
locomotiva (f) diesel	ဒီဇယ်ရထား	di ze ja da:
locomotiva (f) a vapore	ရေနွေးငွေ့စက်ခေါင်း	jei nwei: ngwei. ze' khaun:

| carrozza (f) | အတွဲ | atwe: |
| vagone (m) ristorante | စားသောက်တွဲ | sa: thau' thwe: |

rotaie (f pl)	ရထားသံလမ်း	jatha dhan lan:
ferrovia (f)	ရထားလမ်း	jatha: lan:
traversa (f)	ဇလီဖားတုံး	zali ba: doun

banchina (f) (~ ferroviaria)	စင်္ကြံ	sin gjan
binario (m) (~ 1, 2)	ရထားစင်္ကြံ	jatha zin gjan
semaforo (m)	မီးပွိုင့်	mi: bwain.
stazione (f)	ဘူတာရုံ	bu da joun

macchinista (m)	ရထားမောင်းသူ	jatha: maun: dhu
portabagagli (m)	အထမ်းသမား	a htan: dha. ma:
cuccettista (m, f)	အစောင့်	asaun.
passeggero (m)	ခရီးသည်	khaji: de
controllore (m)	လက်မှတ်စစ်ဆေးသူ	le' hma' ti' hsei: dhu:

| corridoio (m) | ကော်ရစ်တာ | ko ji' ta |
| freno (m) di emergenza | အရေးပေါ် ဘရိတ် | ajei: po' ba ji' |

scompartimento (m)	အခန်း	akhan:
cuccetta (f)	အိပ်ခင်	ei' zin
cuccetta (f) superiore	အပေါ်ထပ်အိပ်ခင်	apo htap ei' sin
cuccetta (f) inferiore	အောက်ထပ်အိပ်ခင်	au' hta' ei' sin
biancheria (f) da letto	အိပ်ရာခင်း	ei' ja khin:

biglietto (m)	လက်မှတ်	le' hma'
orario (m)	အချိန်ဇယား	achein zaja:
tabellone (m) orari	အချက်အလက်ပြနေရာ	ache' ale' pja. nei ja

partire (vi)	ထွက်ခွါသည်	htwe' khwa de
partenza (f)	အထွက်	a htwe'
arrivare (di un treno)	ဆိုက်ရောက်သည်	hseu' jau' de
arrivo (m)	ဆိုက်ရောက်ရာ	hseu' jau' ja

arrivare con il treno	မီးရထားဖြင့်ရောက်ရှိသည်	mi: ja. da: bjin. jau' shi. de
salire sul treno	မီးရထားစီးသည်	mi: ja. da: zi: de
scendere dal treno	မီးရထားမှဆင်းသည်	mi: ja. da: hma. zin: de

| deragliamento (m) | ရထားတိုက်ခြင်း | jatha: dai' chin: |
| deragliare (vi) | ရထားလမ်းရောျသည် | jatha: lan: gjo de |

locomotiva (f) a vapore	ရေနွေးငွေ့စက်ခေါင်း	jei nwei: ngwei. ze' khaun:
fuochista (m)	မီးထိုးသမား	mi: dou: dhama:
forno (m)	မီးဖို	mi: bou
carbone (m)	ကျောက်မီးသွေး	kjau' mi dhwei:

33

26. Nave

nave (f)	သင်္ဘော	thin: bo:
imbarcazione (f)	ရေယာဉ်	jei jan
piroscafo (m)	မီးသင်္ဘော	mi: dha. bo:
barca (f) fluviale	အပျော်စီးမော်တော်ဘုတ်ငယ်	apjo zi: mo do bou' nge
transatlantico (m)	ပင်လယ်အပျော်စီးသင်္ဘော	pin le apjo zi: dhin: bo:
incrociatore (m)	လေယာဉ်တင်သင်္ဘော	lei jan din
yacht (m)	အပျော်စီးရွက်လှေ	apjo zi: jwe' hlei
rimorchiatore (m)	ဆွဲသင်္ဘော	hswe: thin: bo:
chiatta (f)	ဖောင်	hpaun
traghetto (m)	ကူးတို့သင်္ဘော	gadou. thin: bo:
veliero (m)	ရွက်သင်္ဘော	jwe' thin: bo:
brigantino (m)	ရွက်လှေ	jwe' hlei
rompighiaccio (m)	ရေခဲပြင်ခွဲသင်္ဘော	jei ge: bjin gwe: dhin: bo:
sottomarino (m)	ရေငုပ်သင်္ဘော	jei ngou' thin: bo:
barca (f)	လှေ	hlei
scialuppa (f)	ရော်ဘာလှေ	jo ba hlei
scialuppa (f) di salvataggio	အသက်ကယ်လှေ	athe' kai hlei
motoscafo (m)	မော်တော်ဘုတ်	mo to bou'
capitano (m)	ရေယာဉ်မှူး	jei jan hmu:
marittimo (m)	သင်္ဘောသား	thin: bo: dha:
marinaio (m)	သင်္ဘောသား	thin: bo: dha:
equipaggio (m)	သင်္ဘောအမှုထမ်းအဖွဲ့	thin: bo: ahmu. htan: ahpwe.
nostromo (m)	ရေတပ်အရာရှိငယ်	jei da' aja shi. nge
mozzo (m) di nave	သင်္ဘောသားကာလေး	thin: bo: dha: galei:
cuoco (m)	ထမင်းချက်	htamin: gje'
medico (m) di bordo	သင်္ဘောဆေးဝန်	thin: bo: zaja wun
ponte (m)	သင်္ဘောကုန်းပတ်	thin: bo: koun: ba'
albero (m)	ရွက်တိုင်	jwe' tai'
vela (f)	ရွက်	jwe'
stiva (f)	ဝမ်းတွင်း	wan: twin:
prua (f)	ဦးဝှန်း	u: zun:
poppa (f)	ပဲ့ပိုင်း	pe. bain:
remo (m)	လှော်တက်	hlo de'
elica (f)	သင်္ဘောပန်ကာ	thin: bo: ban ga
cabina (f)	သင်္ဘောပေါ်မှအခန်း	thin: bo: bo hma: aksan:
quadrato (m) degli ufficiali	အရာရှိများရှိဝဲသာ	aja shi. mja: jin dha
sala (f) macchine	စက်ခန်း	se' khan:
ponte (m) di comando	ကွပ်ကဲခန်း	ku' ke: khan:
cabina (f) radiotelegrafica	ရေဒီယိုခန်း	rei di jou gan:
onda (f)	လှိုင်း	hlain:
giornale (m) di bordo	မှတ်တမ်းစာအုပ်	hma' tan: za ou'
cannocchiale (m)	အဝေးကြည့်မှန်ပြောင်း	awei: gji. hman bjaun:
campana (f)	ခေါင်းလောင်း	gaun: laun:

bandiera (f)	အလံ	alan
cavo (m) (~ d'ormeggio)	သင်္ဘောသုံးလွန်ကြိုး	thin: bo: dhaun: lun gjou:
nodo (m)	ကြိုးထုံး	kjou: htoun:
ringhiera (f)	လက်ရန်း	le' jan
passerella (f)	သင်္ဘောကုန်းပေါင်	thin: bo: koun: baun
ancora (f)	ကျောက်ဆူး	kjau' hsu:
levare l'ancora	ကျောက်ဆူးနုတ်သည်	kjau' hsu: nou' te
gettare l'ancora	ကျောက်ချသည်	kjau' cha. de
catena (f) dell'ancora	ကျောက်ဆူးကြိုး	kjau' hsu: kjou:
porto (m)	ဆိပ်ကမ်း	hsi' kan:
banchina (f)	သင်္ဘောဆိပ်	thin: bo: zei'
ormeggiarsi (vr)	ဆိုက်ကပ်သည်	hseu' ka' de
salpare (vi)	စွန့်ပစ်သည်	sun. bi' de
viaggio (m)	ခရီးထွက်ခြင်း	khaji: htwe' chin:
crociera (f)	အပျော်ခရီး	apjo gaji:
rotta (f)	ဦးတည်ရာ	u: ti ja
itinerario (m)	လမ်းကြောင်း	lan: gjaun:
tratto (m) navigabile	သင်္ဘောရေကြောင်း	thin: bo: jei gjaun:
secca (f)	ရေတိမ်ပိုင်း	jei dein bain:
arenarsi (vr)	ကမ်းကပ်သည်	kan ka' te
tempesta (f)	မုန်တိုင်း	moun dain:
segnale (m)	အချက်ပြ	ache' pja.
affondare (andare a fondo)	နစ်မြုပ်သည်	ni' mjou' te
Uomo in mare!	လူရေထဲကျ	lu jei de: gja
SOS	အက်စ်အိုအက်စ်	e's o e's
salvagente (m) anulare	အသက်ကယ်ဘော	athe' kai bo

CITTÀ

27. Mezzi pubblici in città

autobus (m)	ဘတ်စ်ကား	ba's ka:
tram (m)	ဓာတ်ရထား	da' ja hta:
filobus (m)	ဓာတ်ကား	da' ka:
itinerario (m)	လမ်းကြောင်း	lan: gjaun:
numero (m)	ကားနံပါတ်	ka: nan ba'

andare in …	ယဉ်စီးသည်	jin zi: de
salire (~ sull'autobus)	ထိုင်သည်	htain de
scendere da …	ကားပေါ်မှဆင်းသည်	ka: bo hma. zin: de

fermata (f) (~ dell'autobus)	မှတ်တိုင်	hma' tain
prossima fermata (f)	နောက်မှတ်တိုင်	nau' hma' tain
capolinea (m)	အဆုံးမှတ်တိုင်	ahsoun: hma' tain
orario (m)	အချိန်ဇယား	achein zaja:
aspettare (vt)	စောင့်သည်	saun. de

biglietto (m)	လက်မှတ်	le' hma'
prezzo (m) del biglietto	ယာဉ်စီးခ	jin zi: ga.

cassiere (m)	ငွေကိုင်	ngwei gain
controllo (m) dei biglietti	လက်မှတ်စစ်ဆေးခြင်း	le' hma' ti' hsei: chin
bigliettaio (m)	လက်မှတ်စစ်ဆေးသူ	le' hma' ti' hsei: dhu:

essere in ritardo	နောက်ကျသည်	nau' kja. de
perdere (~ il treno)	ကားနောက်ကျသည်	ka: nau' kja de
avere fretta	အမြန်လုပ်သည်	aman lou' de

taxi (m)	တက္ကစီ	te' kasi
taxista (m)	တက္ကစီမောင်းသူ	te' kasi maun: dhu
in taxi	တက္ကစီဖြင့်	te' kasi hpjin.
parcheggio (m) di taxi	တက္ကစီဂုရပ်	te' kasi zu. ja'
chiamare un taxi	တက္ကစီခေါ်သည်	te' kasi go de
prendere un taxi	တက္ကစီငှားသည်	te' kasi hnga: de

traffico (m)	ယာဉ်အသွားအလာ	jin athwa: ala
ingorgo (m)	ယာဉ်ကြောပိတ်ဆို့မှု	jin gjo: bei' hsou. hmu.
ore (f pl) di punta	အလုပ်ဆင်းချိန်	alou' hsin: gjain
parcheggiarsi (vr)	ယာဉ်ရပ်နားရန်နေရာယူသည်	jin ja' na: jan nei ja ju de
parcheggiare (vt)	ကားအားပါကင်ထိုးသည်	ka: a: pa kin dou: de
parcheggio (m)	ပါကင်	pa gin

metropolitana (f)	မြေအောက်ဉမင်လမ်း	mjei au' u. min lan:
stazione (f)	ဘူတာရုံ	bu da joun
prendere la metropolitana	မြေအောက်ရထားဖြင့်သွားသည်	mjei au' ja. da: bjin. dhwa: de
treno (m)	ရထား	jatha:
stazione (f) ferroviaria	ရထားဘူတာရုံ	jatha: buda joun

28. Città. Vita di città

città (f)	မြို့	mjou.
capitale (f)	မြို့တော်	mjou. do
villaggio (m)	ရွာ	jwa
mappa (f) della città	မြို့လမ်းညွှန်မြေပုံ	mjou. lan hnjun mjei boun
centro (m) della città	မြို့လယ်ခေါင်	mjou. le gaun
sobborgo (m)	ဆင်ခြေဖုံးအရပ်	hsin gjei aja'
suburbano (agg)	ဆင်ခြေဖုံးအရပ်ဖြစ်သော	hsin gjei hpoun aja' hpa' te.
periferia (f)	မြို့စွန်	mjou. zun
dintorni (m pl)	ပတ်ဝန်းကျင်	pa' wun: gjin:
isolato (m)	စည်ကားရာမြို့လယ်နေရာ	si: ga: ja mjou. le nei ja
quartiere residenziale	လူနေရပ်ကွက်	lu nei ja' kwe'
traffico (m)	ယာဉ်အသွားအလာ	jin athwa: ala
semaforo (m)	မီးပွိုင့်	mi: bwain.
trasporti (m pl) urbani	ပြည်သူ့ပိုင်ခရီးသွားပို့ဆောင်ရေး	pji dhu bain gaji: dhwa: bou. zaun jei:
incrocio (m)	လမ်းဆုံ	lan: zoun
passaggio (m) pedonale	လူကူးမျဉ်းကြား	lu gu: mji: gja:
sottopassaggio (m)	မြေအောက်လမ်းကူး	mjei au' lan: gu:
attraversare (vt)	လမ်းကူးသည်	lan: gu: de
pedone (m)	လမ်းသွားလမ်းလာ	lan: dhwa: lan: la
marciapiede (m)	လူသွားလမ်း	lu dhwa: lan:
ponte (m)	တံတား	dada:
banchina (f)	ကမ်းနားတမံ	kan: na: da. man
fontana (f)	ရေပန်း	jei ban:
vialetto (m)	ရိပ်သာလမ်း	jei' tha lan:
parco (m)	ပန်းခြံ	pan: gjan
boulevard (m)	လမ်းငယ်	lan: ge
piazza (f)	ရင်ပြင်	jin bjin
viale (m), corso (m)	လမ်းမကြီး	lan: mi. gji:
via (f), strada (f)	လမ်း	lan:
vicolo (m)	လမ်းသွယ်	lan: dhwe
vicolo (m) cieco	လမ်းဆုံး	lan: zoun:
casa (f)	အိမ်	ein
edificio (m)	အဆောက်အဦ	ahsau' au
grattacielo (m)	မိုးမျှော်တိုက်	mou: hmjo tou'
facciata (f)	အိမ်ရှေ့နံရံ	ein shei. nan jan
tetto (m)	အမိုး	amou:
finestra (f)	ပြတင်းပေါက်	badin: pau'
arco (m)	မုခ်ဝ	mou' wa.
colonna (f)	တိုင်	tain
angolo (m)	ထောင့်	htaun.
vetrina (f)	ဆိုင်ရှေ့ပစ္စည်းအခင်းအကျင်း	hseun shei. bji' si: akhin: akjin:
insegna (f) (di negozi, ecc.)	ဆိုင်းဘုတ်	hsain: bou'

37

cartellone (m)	ပိုစတာ	pou sata
cartellone (m) pubblicitario	ကြော်ငြာပိုစတာ	kjo nja bou sata
tabellone (m) pubblicitario	ကြော်ငြာဆိုင်းဘုတ်	kjo nja zain: bou'

pattume (m), spazzatura (f)	အမှိုက်	ahmai'
pattumiera (f)	အမှိုက်ပုံး	ahmai' poun:
sporcare (vi)	လွှင့်ပစ်သည်	hlwin. bi' te
discarica (f) di rifiuti	အမှိုက်ပုံ	ahmai' poun

cabina (f) telefonica	တယ်လီဖုန်းဆက်ရန်နေရာ	te li hpoun: ze' jan nei ja
lampione (m)	လမ်းမီး	lan: mi:
panchina (f)	ခုံတန်းရှည်	khoun dan: shei

poliziotto (m)	ရဲ	je:
polizia (f)	ရဲ	je:
mendicante (m)	သူတောင်းစား	thu daun: za:
barbone (m)	အိမ်ယာမဲ့	ein ja me.

29. Servizi cittadini

negozio (m)	ဆိုင်	hsain
farmacia (f)	ဆေးဆိုင်	hsei: zain
ottica (f)	မျက်မှန်ဆိုင်	mje' hman zain
centro (m) commerciale	ရေးဝင်စင်တာ	zei: wun zin da
supermercato (m)	ကုန်တိုက်ကြီး	koun dou' kji:

panetteria (f)	မုန့်တိုက်	moun. dai'
fornaio (m)	ပေါင်မုန့်ဖုတ်သူ	paun moun. bou' dhu
pasticceria (f)	မုန့်ဆိုင်	moun. zain
drogheria (f)	ကုန်စုံဆိုင်	koun zoun zain
macelleria (f)	အသားဆိုင်	atha: ain

| fruttivendolo (m) | ဟင်းသီးဟင်းရွက်ဆိုင် | hin: dhi: hin: jwe' hsain |
| mercato (m) | ဈေး | zei: |

caffè (m)	ကော်ဖီဆိုင်	ko hpi zain
ristorante (m)	စားသောက်ဆိုင်	sa: thau' hsain
birreria (f), pub (m)	ဘီယာဆိုင်	bi ja zain:
pizzeria (f)	ပီဇာမုန့်ဆိုင်	pi za moun. zain

salone (m) di parrucchiere	ဆံပင်ညှပ်ဆိုင်	zain hnja' hsain
ufficio (m) postale	စာတိုက်	sa dai'
lavanderia (f) a secco	အဝတ်အခြောက်လျော်လုပ်ငန်း	awu' achou' hlo: lou' ngan:
studio (m) fotografico	ဓာတ်ပုံရိုက်ခန်း	da' poun jai' khan:

negozio (m) di scarpe	ဖိနပ်ဆိုင်	hpana' sain
libreria (f)	စာအုပ်ဆိုင်	sa ou' hsain
negozio (m) sportivo	အားကစားပစ္စည်းဆိုင်	a: gaza: pji' si: zain

riparazione (f) di abiti	စက်ပြင်ဆိုင်	se' pjin zain
noleggio (m) di abiti	ဝတ်စုံအငှားဆိုင်	wa' zoun ahnga: zain
noleggio (m) di film	အခွေငှားဆိုင်	akhwei hnga: zain:
circo (m)	ဆင်ကပ်	hsa' ka'
zoo (m)	တိရစ္ဆာန်ဥယျာဉ်	tharei' hsan u. jin

cinema (m)	ရုပ်ရှင်ရုံ	jou' shin joun
museo (m)	ပြတိုက်	pja. dai'
biblioteca (f)	စာကြည့်တိုက်	sa gji. dai'

teatro (m)	ကဇာတ်ရုံ	ka. za' joun
teatro (m) dell'opera	အော်ပရာဇာတ်ရုံ	o pa ra za' joun
locale notturno (m)	နိုက်ကလပ်	nai' ka. la'
casinò (m)	လောင်းကစားရုံ	laun: gaza: joun

moschea (f)	ဗလီ	bali
sinagoga (f)	ရှူးဒီဘုရား ရှိခိုးကျောင်း	ja. hu di bu. ja: shi. gou: gjaun:
cattedrale (f)	ဘုရားရှိခိုးကျောင်းတော်	hpaja: gjaun: do:
tempio (m)	ဘုရားကျောင်း	hpaja: gjaun:
chiesa (f)	ဘုရားကျောင်း	hpaja: gjaun:

istituto (m)	တက္ကသိုလ်	te' kathou
università (f)	တက္ကသိုလ်	te' kathou
scuola (f)	စာသင်ကျောင်း	sa dhin gjaun:

prefettura (f)	စီရင်စုနယ်	si jin zu. ne
municipio (m)	မြို့တော်ခန်းမ	mjou. do gan: ma.
albergo, hotel (m)	ဟိုတယ်	hou te
banca (f)	ဘဏ်	ban

ambasciata (f)	သံရုံး	than joun:
agenzia (f) di viaggi	ခရီးသွားလုပ်ငန်း	khaji: thwa: lou' ngan:
ufficio (m) informazioni	သတင်းအချက်အလက်ဌာန	dhadin: akje' ale' hta. na.
ufficio (m) dei cambi	ငွေလဲရန်နေရာ	ngwei le: jan nei ja

metropolitana (f)	မြေအောက်ဥမင်လမ်း	mjei au' u. min lan:
ospedale (m)	ဆေးရုံ	hsei: joun

distributore (m) di benzina	ဆီဆိုင်	hsi: zain
parcheggio (m)	ကားပါကင်	ka: pa kin

30. Cartelli

insegna (f) (di negozi, ecc.)	ဆိုင်းဘုတ်	hsain: bou'
iscrizione (f)	သတိပေးစာ	dhadi. pei: za
cartellone (m)	ပိုစတာ	pou sata
segnale (m) di direzione	လမ်းညွှန်	lan: hnjun
freccia (f)	လမ်းညွှန်မြား	lan: hnjun hmja:

avvertimento (m)	သတိပေးခြင်း	dhadi. pei: gjin:
avviso (m)	သတိပေးချက်	dhadi. pei: gje'
avvertire, avvisare (vt)	သတိပေးသည်	dhadi. pei: de

giorno (m) di riposo	ရုံးပိတ်ရက်	joun: bei' je'
orario (m)	အချိန်ဇယား	achein zaja:
orario (m) di apertura	ဖွင့်ချိန်	hpwin. gjin

BENVENUTI!	ကြိုဆိုပါသည်	kjou hsou ba de
ENTRATA	ဝင်ပေါက်	win bau'

USCITA	ထွက်ပေါက်	htwe' pau'
SPINGERE	တွန်းသည်	tun: de
TIRARE	ဆွဲသည်	hswe: de
APERTO	ဖွင့်သည်	hpwin. de
CHIUSO	ပိတ်သည်	pei' te
DONNE	အမျိုးသမီးသုံး	amjou: dhami: dhoun:
UOMINI	အမျိုးသားသုံး	amjou: dha: dhoun:
SCONTI	လျှော့ဈေး	sho. zei:
SALDI	လျှော့ဈေး	sho. zei:
NOVITÀ!	အသစ်	athi'
GRATIS	အခမဲ့	akha me.
ATTENZIONE!	သတိ	thadi.
COMPLETO	အလွတ်မရှိ	alu' ma shi.
RISERVATO	ကြိုတင်မှာယူထားပြီး	kjou tin hma ju da: bji:
AMMINISTRAZIONE	စီမံအုပ်ချုပ်ခြင်း	si man ou' chou' chin:
RISERVATO AL PERSONALE	အမှုထမ်းအတွက်အသာ	ahmu. htan: atwe' atha
ATTENTI AL CANE	ခွေးကိုက်တတ်သည်	khwei: kai' ta' te
VIETATO FUMARE!	ဆေးလိပ်မသောက်ရ	hsei: lei' ma. dhau' ja.
NON TOCCARE	မထိရ	ma. di. ja.
PERICOLOSO	အန္တရာယ်ရှိသည်	an dare shi. de.
PERICOLO	အန္တရာယ်	an dare
ALTA TENSIONE	ဗို့အားပြင်း	bou. a: bjin:
DIVIETO DI BALNEAZIONE	ရေမကူးရ	jei ma. gu: ja.
GUASTO	ပျက်နေသည်	pje' nei de
INFIAMMABILE	မီးလောင်တတ်သည်	mi: laun da' te
VIETATO	တားမြစ်သည်	ta: mji' te
VIETATO L'INGRESSO	မကျူးကျော်ရ	ma. gju: gjo ja
VERNICE FRESCA	ဆေးမခြောက်သေး	hsei: ma. gjau' dhei:

31. Acquisti

comprare (vt)	ဝယ်သည်	we de
acquisto (m)	ဝယ်စရာ	we zaja
fare acquisti	ဈေးဝယ်ထွက်ခြင်း	zei: we htwe' chin:
shopping (m)	ရှော့ပင်း	sho. bin:
essere aperto (negozio)	ဆိုင်ဖွင့်သည်	hsain bwin. de
essere chiuso	ဆိုင်ပိတ်သည်	hseun bi' te
calzature (f pl)	ဖိနပ်	hpana'
abbigliamento (m)	အဝတ်အစား	awu' aza:
cosmetica (f)	အလှကုန်ပစ္စည်း	ahla. koun pji' si:
alimentari (m pl)	စားသောက်ကုန်	sa: thau' koun
regalo (m)	လက်ဆောင်	le' hsaun
commesso (m)	ရောင်းသူ	jaun: dhu
commessa (f)	ရောင်းသူ	jaun: dhu

cassa (f)	ငွေရှင်းရန်နေရာ	ngwei shin: jan nei ja
specchio (m)	မှန်	hman
banco (m)	ကောင်တာ	kaun da
camerino (m)	အဝတ်လဲခန်း	awu' le: gan:
provare (~ un vestito)	တိုင်းကြည့်သည်	tain: dhi. de
stare bene (vestito)	သင့်တော်သည်	thin. do de
piacere (vi)	ကြိုက်သည်	kjai' de
prezzo (m)	ဈေးနှုန်း	zei: hnan:
etichetta (f) del prezzo	ဈေးနှုန်းကတ်ပြား	zei: hnan: ka' pja:
costare (vt)	ကုန်ကျသည်	koun mja. de
Quanto?	ဘယ်လောက်လဲ	be lau' le:
sconto (m)	လျှော့ဈေး	sho. zei:
no muy caro (agg)	ဈေးမကြီးသော	zei: ma. kji: de.
a buon mercato	ဈေးပေါသော	zei: po: de.
caro (agg)	ဈေးကြီးသော	zei: kji: de.
È caro	ဒါဈေးကြီးတယ်	da zei: gji: de
noleggio (m)	ငှားရမ်းခြင်း	hna: jan: chin:
noleggiare (~ un abito)	ငှားရမ်းသည်	hna: jan: de
credito (m)	အကြွေးဝနစ်ဘ	akjwei: sani'
a credito	အကြွေးဝနစ်ဖြင့်	akjwei: sa ni' hpjin.

ABBIGLIAMENTO E ACCESSORI

32. Indumenti. Soprabiti

vestiti (m pl)	အဝတ်အစား	awu' aza:
soprabito (m)	အပေါ်ဝတ်အကျႌ	apo we' in: gji
abiti (m pl) invernali	ဆောင်းတွင်းဝတ်အဝတ်အစား	hsaun: dwin: wu' awu' asa:
cappotto (m)	ကုတ်အကျႌရှည်	kou' akji shi
pelliccia (f)	သားမွေးအနွေးထည်	tha: mwei: anwei: de
pellicciotto (m)	အမွေးပွအပေါ်အကျ	ahmwei pwa po akji.
piumino (m)	ငှက်မွေးကုတ်အကျ	hnge' hmwei: kou' akji.
giubbotto (m), giaccha (f)	အပေါ်အကျ	apo akji.
impermeabile (m)	မိုးကာအကျ	mou: ga akji
impermeabile (agg)	ရေလုံသော	jei loun de.

33. Abbigliamento uomo e donna

camicia (f)	ရှပ်အကျ	sha' in gji
pantaloni (m pl)	ဘောင်းဘီ	baun: bi
jeans (m pl)	ဂျင်းဘောင်းဘီ	gjin: bain: bi
giacca (f) (~ di tweed)	အဝါအကျ	apo akji.
abito (m) da uomo	အနောက်တိုင်းဝတ်စုံ	anau' tain: wu' saun
abito (m)	ဂါဝန်	ga wun
gonna (f)	စကတ်	saka'
camicetta (f)	ဘလောက်စ်အကျ	ba. lau' s in: gji
giacca (f) a maglia	ကြယ်သီးပါသော အနွေးထည်	kje dhi: ba de. anwei: dhe
giacca (f) tailleur	အပေါ်ဖုံးအကျ	apo hpoun akji.
maglietta (f)	တီရှပ်	ti shi'
pantaloni (m pl) corti	ဘောင်းဘီတို	baun: bi dou
tuta (f) sportiva	အားကစားဝတ်စုံ	a: gaza: wu' soun
accappatoio (m)	ရေချိုးခန်းဝတ်စုံ	jei gjou: gan: wu' soun
pigiama (m)	ညအိပ်ဝတ်စုံ	nja a' wu' soun
maglione (m)	ဆွယ်တာ	hswe da
pullover (m)	ဆွယ်တာ	hswe da
gilè (m)	ဝစ်ကုတ်	wi' kou'
frac (m)	တေးလ်ကုတ်အကျ	tei: l kou' in: gji
smoking (m)	ညစာစားပွဲဝတ်စုံ	nja. za za: bwe: wu' soun
uniforme (f)	တူညီဝတ်စုံ	tu nji wa' soun
tuta (f) da lavoro	အလုပ်ဝင် ဝတ်စုံ	alou' win wu' zoun
salopette (f)	စက်ရုံဝတ်စုံ	se' joun wu' soun
camice (m) (~ del dottore)	ဂျူတိကုတ်	gju di gou'

34. Abbigliamento. Biancheria intima

biancheria (f) intima	အတွင်းခံ	atwin: gan
boxer (m pl)	ယောက်ျားဝတ်အတွင်းခံ	jau' kja: wu' atwin: gan
mutandina (f)	မိန်းကလေးဝတ်အတွင်းခံ	mein: galei: wa' atwin: gan
maglietta (f) intima	စွပ်ကျယ်	su' kje
calzini (m pl)	ခြေအိတ်များ	chei ei' mja:
camicia (f) da notte	ညအိပ်ဝါဝန်ရှည်	nja a' ga wun she
reggiseno (m)	ဘရာစီယာ	ba ra si ja
calzini (m pl) alti	ခြေအိတ်ရှည်	chei ei' shi
collant (m)	အသားကပ်-ဘောင်းဘီရှည်	atha: ka' baun: bi shei
calze (f pl)	စတော့ကင်	sato. kin
costume (m) da bagno	ရေကူးဝတ်စုံ	jei ku: wa' zoun

35. Copricapo

cappello (m)	ဦးထုပ်	u: htou'
cappello (m) di feltro	ဦးထုပ်ပျော့	u: htou' pjo.
cappello (m) da baseball	ရာဘာဦးထုပ်	sha dou: u: dou'
coppola (f)	လူကြီးဆောင်းဦးထုပ်ပြား	lu gji: zaun: u: dou' pja:
basco (m)	ဘယ်ရီဦးထုပ်	be ji u: htu'
cappuccio (m)	အကျီတွင်ပါသော ခေါင်းစွပ်	akji. twin pa dho: gaun: zu'
panama (m)	ဦးထုပ်အဝိုင်း	u: htou' awain:
berretto (m) a maglia	သိုးမွေးခေါင်းစွပ်	thou: mwei: gaun: zu'
fazzoletto (m) da capo	ခေါင်းစည်းပုဝါ	gaun: zi: bu. wa
cappellino (m) donna	အမျိုးသမီးဆောင်းဦးထုပ်	amjou: dhami: zaun: u: htou'
casco (m) (~ di sicurezza)	ဦးထုပ်အာမာ	u: htou' ama
bustina (f)	တပ်မတော်သုံးဦးထုပ်	ta' mado dhoun: u: dou'
casco (m) (~ moto)	အမာစားဦးထုပ်	ama za: u: htou'
bombetta (f)	ဦးထုပ်လုံး	u: htou' loun:
cilindro (m)	ဦးထုပ်မြင့်	u: htou' mjin.

36. Calzature

calzature (f pl)	ဖိနပ်	hpana'
stivaletti (m pl)	ရှူးဖိနပ်	shu: hpi. na'
scarpe (f pl)	မိန်းကလေးစီးရှူးဖိနပ်	mein: galei: zi: shu: bi. na'
stivali (m pl)	လည်ရှည်ဖိနပ်	le she bi. na'
pantofole (f pl)	အိမ်တွင်းစီးကွင်းထိုးဖိနပ်	ein dwin:
scarpe (f pl) da tennis	အားကစားဖိနပ်	a: gaza: bana'
scarpe (f pl) da ginnastica	ပတ္တူဖိနပ်	pa' tu bi. na'
sandali (m pl)	ကြိုးသိုင်းဖိနပ်	kjou: dhain: bi. na'
calzolaio (m)	ဖိနပ်ချုပ်သမား	hpana' chou' tha ma:
tacco (m)	ဒေါက်	dau'

paio (m)	အစုံ	asoun.
laccio (m)	ဖိနပ်ကြိုး	hpana' kjou:
allacciare (vt)	ဖိနပ်ကြိုးချည်သည်	hpana' kjou: gjin de
calzascarpe (m)	ဖိနပ်ဖိရာသွင်သုံး သည့် ဖိနပ်ခေါ်	hpana' si: ja dhwin dhoun: dhin. hpana' ko
lucido (m) per le scarpe	ဖိနပ်တိုက်ဆေး	hpana' tou' hsei:

37. Accessori personali

guanti (m pl)	လက်အိတ်	lei' ei'
manopole (f pl)	နှစ်ကန့်လက်အိတ်	hni' kan. le' ei'
sciarpa (f)	မာဖလာ	ma ba. la

occhiali (m pl)	မျက်မှန်	mje' hman
montatura (f)	မျက်မှန်ကိုင်း	mje' hman gain:
ombrello (m)	ထီး	hti:
bastone (m)	တုတ်ကောက်	tou' kau'
spazzola (f) per capelli	ခေါင်းဘီး	gaun: bi:
ventaglio (m)	ပန်ကန်	pan gan

cravatta (f)	လည်စည်း	le zi:
cravatta (f) a farfalla	ဖြားပုံလည်စည်း	hpe: bja: boun le zi:
bretelle (f pl)	ဘောင်းဘီသိုင်းကြိုး	baun: bi dhain: gjou:
fazzoletto (m)	လက်ကိုင်ပုဝါ	le' kain bu. wa

pettine (m)	ဘီး	bi:
fermaglio (m)	ဆံညှပ်	hsan hnja'
forcina (f)	ကလစ်	kali'
fibbia (f)	ခါးပတ်ခေါင်း	kha: ba' khaun:

| cintura (f) | ခါးပတ် | kha: ba' |
| spallina (f) | ပုခုံးသိုင်းကြိုး | pu. goun: dhain: gjou: |

borsa (f)	လက်ကိုင်အိတ်	le' kain ei'
borsetta (f)	မိန်းကလေးပုခုံးလွယ်အိတ်	mein: galei: bou goun: lwe ei'
zaino (m)	ကျောပိုးအိတ်	kjo: bou: ei'

38. Abbigliamento. Varie

moda (f)	ဖက်ရှင်	hpe' shin
di moda	ခေတ်မီသော	khi' mi de.
stilista (m)	ဖက်ရှင်ဒီဇိုင်နာ	hpe' shin di zain na

collo (m)	အကျီ ကော်လာ	akji. ko la
tasca (f)	အိတ်ကပ်	ei' ka'
tascabile (agg)	အိတ်ဆောင်	ei' hsaun
manica (f)	အကျီလက်	akji. le'
asola (f) per appendere	အကျီချိတ်ကွင်း	akji. gjei' kwin:
patta (f) (~ dei pantaloni)	ဘောင်းဘီလျှာဆက်	baun: bi ja ze'

| cerniera (f) lampo | ဇစ် | zi' |
| chiusura (f) | ချိတ်စရာ | che' zaja |

bottone (m)	ကြယ်သီး	kje dhi:
occhiello (m)	ကြယ်သီးပေါက်	kje dhi: bau'
staccarsi (un bottone)	ပြုတ်ထွက်သည်	pjou' htwe' te

cucire (vi, vt)	စက်ချုပ်သည်	se' khjou' te
ricamare (vi, vt)	ပန်းထိုးသည်	pan: dou: de
ricamo (m)	ပန်းထိုးခြင်း	pan: dou: gjin:
ago (m)	အပ်	a'
filo (m)	အပ်ချည်	a' chi
cucitura (f)	ချုပ်ရိုး	chou' jou:

sporcarsi (vr)	ညစ်ပေသွားသည်	nji' pei dhwa: de
macchia (f)	အစွန်းအထင်း	aswan: ahtin:
sgualcirsi (vr)	တွန့်ကြေစေသည်	tun. gjei zei de
strappare (vt)	ပေါက်ပြဲသွားသည်	pau' pje: dhwa: de
tarma (f)	အဝတ်ပိုးဖလံ	awu' pou: hpa. lan

39. Cura della persona. Cosmetici

dentifricio (m)	သွားတိုက်ဆေး	thwa: tai' hsei:
spazzolino (m) da denti	သွားတိုက်တံ	thwa: tai' tan
lavarsi i denti	သွားတိုက်သည်	thwa: tai' te

rasoio (m)	သင်တုန်းဓား	thin toun: da:
crema (f) da barba	မုတ်ဆိတ်ရိတ် ဆပ်ပြာ	mou' zei' jei' hsa' pja
rasarsi (vr)	ရိတ်သည်	jei' te

sapone (m)	ဆပ်ပြာ	hsa' pja
shampoo (m)	ခေါင်းလျှော်ရည်	gaun: sho je

forbici (f pl)	ကတ်ကြေး	ka' kjei:
limetta (f)	လက်သည်းတိုက်တံစဉ်း	le' the:
tagliaunghie (m)	လက်သည်းညှပ်	le' the: hnja'
pinzette (f pl)	ဇာဂနာ	za ga. na

cosmetica (f)	အလှကုန်ပစ္စည်း	ahla. koun pji' si:
maschera (f) di bellezza	မျက်နှာပေါင်းတင်ခြင်း	mje' hna baun: din gjin:
manicure (m)	လက်သည်းအလှပြင်ခြင်း	le' the: ahla bjin gjin
fare la manicure	လက်သည်းအလှပြင်သည်	le' the: ahla bjin de
pedicure (m)	ခြေသည်းအလှပြင်သည်	chei dhi: ahla. pjin de

borsa (f) del trucco	မိတ်ကပ်အိတ်	mi' ka' ei'
cipria (f)	ပေါင်ဒါ	paun da
portacipria (m)	ပေါင်ဒါဘူး	paun da bu:
fard (m)	ပါးနီ	pa: ni

profumo (m)	ရေမွှေး	jei mwei:
acqua (f) da toeletta	ရေမွှေး	jei mwei:
lozione (f)	လိမ်းရည်း	lou shin:
acqua (f) di Colonia	အော်ဒီကလုန်းရေမွှေး	o di ka lun: jei mwei:

ombretto (m)	မျက်ခွံဆိုးဆေး	mje' khwan zou: zei:
eyeliner (m)	အိုင်းလိုင်းနာဒေါင့်	ain: lain: na daun.
mascara (m)	မျက်တောင်ခြယ်ဆေး	mje' taun gje zei:

rossetto (m)	နှုတ်ခမ်းနီ	hna' khan: ni
smalto (m)	လက်သည်းဆိုးဆေး	le' the: azou: zei:
lacca (f) per capelli	ဆံပင်သုံး ဝပရေး	zabin dhoun za. ba. jei:
deodorante (m)	ချွေးနံ့ပျောက်ဆေး	chwei: nan. bjau' hsei:

crema (f)	ခရင်မ်	khajin m
crema (f) per il viso	မျက်နှာခရင်မ်	mje' hna ga. jin m
crema (f) per le mani	ဟန်ခရင်မ်	han kha. rin m
crema (f) antirughe	အသားခြောက်ကာကွယ်ဆေး	atha: gjau' ka gwe zei:
crema (f) da giorno	နေ့လိမ်းခရင်မ်	nei. lein: ga jin'm
crema (f) da notte	ညလိမ်းခရင်မ်	nja lein: khajinm
da giorno	နေ့လယ်ဘက်သုံးသော	nei. le be' thoun: de.
da notte	ညဘက်သုံးသော	nja. be' thoun: de.

tampone (m)	အတောင့်	ataun.
carta (f) igienica	အိမ်သာသုံးစက္ကူ	ein dha dhoun: se' ku
fon (m)	ဆံပင်အခြောက်ခံစက်	zabin achou' hsan za'

40. Orologi da polso. Orologio

orologio (m) (~ da polso)	နာရီ	na ji
quadrante (m)	နာရီဒိုင်ခွက်	na ji dai' hpwe'
lancetta (f)	နာရီလက်တံ	na ji le' tan
braccialetto (m)	နာရီကြိုး	na ji gjou:
cinturino (m)	နာရီကြိုး	na ji gjou:

pila (f)	ဓာတ်ခဲ	da' khe:
essere scarico	အားကုန်သည်	a: kun de
cambiare la pila	ဘက်ထရီလဲသည်	ba' hta ji le: de
andare avanti	မြန်သည်	mjan de
andare indietro	နောက်ကျသည်	nau' kja. de

orologio (m) da muro	တိုင်ကပ်နာရီ	tain ka' na ji
clessidra (f)	သဲနာရီ	the: naji
orologio (m) solare	နေနာရီ	nei na ji
sveglia (f)	နှိုးစက်	hnou: ze'
orologiaio (m)	နာရီပြင်ဆရာ	ma ji bjin zaja
riparare (vt)	ပြင်သည်	pjin de

L'ESPERIENZA QUOTIDIANA

41. Denaro

soldi (m pl)	ပိုက်ဆံ	pai' hsan
cambio (m)	လဲလှယ်ခြင်း	le: hle gjin:
corso (m) di cambio	ငွေလဲနှုန်း	ngwei le: hnan:
bancomat (m)	အလိုအလျောက်ငွေထုတ်စက်	alou aljau' ngwei htou' se'
moneta (f)	အကြွေစေ့	akjwei zei.
dollaro (m)	ဒေါ်လာ	do la
euro (m)	ယူရို	ju rou
lira (f)	အီတလီ လိုင်ရာငွေ	ita. li lain ja ngwei
marco (m)	ဂျာမန်မတ်ငွေ	gja man ma' ngwei
franco (m)	ဖရန့်	hpa. jan.
sterlina (f)	စတာလင်ပေါင်	sata lin baun
yen (m)	ယန်း	jan:
debito (m)	အကြွေး	akjwei:
debitore (m)	မြီစား	mji za:
prestare (~ i soldi)	ချေးသည်	chei: de
prendere in prestito	အကြွေးယူသည်	akjwei: ju de
banca (f)	ဘဏ်	ban
conto (m)	ငွေစာရင်း	ngwei za jin:
versare (vt)	ထည့်သည်	hte de.
versare sul conto	ငွေသွင်းသည်	ngwei dhwin: de
prelevare dal conto	ငွေထုတ်သည်	ngwei dou' te
carta (f) di credito	အကြွေးဝယ်ကဒ်ပြား	akjwei: we ka' pja
contanti (m pl)	လက်ငင်း	le' ngin:
assegno (m)	ချက်	che'
emettere un assegno	ချက်ရေးသည်	che' jei: de
libretto (m) di assegni	ချက်စာအုပ်	che' sa ou'
portafoglio (m)	ပိုက်ဆံအိတ်	pai' hsan ei'
borsellino (m)	ပိုက်ဆံအိတ်	pai' hsan ei'
cassaforte (f)	မီးခံသေတ္တာ	mi: gan dhi' ta
erede (m)	အမွေစားအမွေခံ	amwei za: amwei gan
eredità (f)	အမွေဆက်ခံခြင်း	amwei ze' khan gjin:
fortuna (f)	အခွင့်အလမ်း	akhwin. alan:
affitto (m), locazione (f)	အိမ်ငှား	ein hnga:
canone (m) d'affitto	အခန်းငှားခ	akhan: hnga: ga
affittare (dare in affitto)	ငှားသည်	hnga: de
prezzo (m)	ဈေးနှုန်း	zei: hnan:
costo (m)	ကုန်ကျပစ္စရိတ်	koun gja. za. ji'

somma (f)	ပေါင်းလဒ်	paun: la'
spendere (vt)	သုံးစွဲသည်	thoun: zwe: de
spese (f pl)	ဝရိတ်စကာ	zaei' zaga.
economizzare (vi, vt)	ချေတာသည်	chwei da de
economico (agg)	တွက်ခြေကိုက်သော	twe' chei kai' te.

pagare (vi, vt)	ပေးချေသည်	pei: gjei de
pagamento (m)	ပေးချေသည့်ငွေ	pei: gjei de. ngwei
resto (m) (dare il ~)	ပြန်အမ်းငွေ	pjan an: ngwe

imposta (f)	အခွန်	akhun
multa (f), ammenda (f)	ဒဏ်ငွေ	dan ngwei
multare (vt)	ဒဏ်ရိက်သည်	dan jai' de

42. Posta. Servizio postale

ufficio (m) postale	စာတိုက်	sa dai'
posta (f) (lettere, ecc.)	မေးလ်	mei: l
postino (m)	စာပို့သမား	sa bou. dhama:
orario (m) di apertura	ဖွင့်ချိန်	hpwin. gjin

lettera (f)	စာ	sa
raccomandata (f)	မှတ်ပုံတင်ပြီးသောစာ	hma' poun din bji: dho: za:
cartolina (f)	ပို့စကဒ်	pou. sa. ka'
telegramma (m)	ကြေးနန်း	kjei: nan:
pacco (m) postale	ပါဆယ်	pa ze
vaglia (m) postale	ငွေလွှဲခြင်း	ngwei hlwe: gjin:

ricevere (vt)	လက်ခံရရှိသည်	le' khan ja. shi. de
spedire (vt)	ပို့သည်	pou. de
invio (m)	ပို့ခြင်း	pou. gjin:
indirizzo (m)	လိပ်စာ	lei' sa
codice (m) postale	စာပို့သကေတ	sa bou dhin kei ta.
mittente (m)	ပို့သူ	pou. dhu
destinatario (m)	လက်ခံသူ	le' khan dhu

nome (m)	အမည်	amji
cognome (m)	မိသားစု မျိုးရိုးနာမည်	mi. dha: zu. mjou: jou: na mji
tariffa (f)	စာပို့ခ နန်းထား	sa bou. kha. hnan: da:
ordinario (agg)	စံနှုန်းသတ်မှတ်ထားသော	san hnoun: dha' hma' hta: de.
standard (agg)	ကုန်ကျငွေသက်သာသော	koun gja ngwe dhe' dha de.

peso (m)	အလေးချိန်	alei: gjein
pesare (vt)	ချိန်သည်	chein de
busta (f)	စာအိတ်	sa ei'
francobollo (m)	တံဆိပ်ခေါင်း	da zei' khaun:
affrancare (vt)	တံဆိပ်ခေါင်းကပ်သည်	da zei' khaun: ka' te

43. Attività bancaria

| banca (f) | ဘဏ် | ban |
| filiale (f) | ဘဏ်ခွဲ | ban gwe: |

consulente (m)	အတိုင်ပင်ခံပုဂ္ဂိုလ်	atain bin gan bou' gou
direttore (m)	မန်နေဂျာ	man nei gji

conto (m) bancario	ဘဏ်ငွေစာရင်း	ban ngwei za jin
numero (m) del conto	ဘဏ်စာရင်းနံပါတ်	ban zajin: nan. ba'
conto (m) corrente	ဘဏ်စာရင်းရှင်	ban zajin: shin
conto (m) di risparmio	ဘဏ်ငွေစုစာရင်း	ban ngwei zu. za jin

aprire un conto	ဘဏ်စာရင်းဖွင့်သည်	ban zajin: hpwin. de
chiudere il conto	ဘဏ်စာရင်းပိတ်သည်	ban zajin: bi' te
versare sul conto	ငွေသွင်းသည်	ngwei dhwin: de
prelevare dal conto	ငွေထုတ်သည်	ngwei dou' te

deposito (m)	အပ်ငွေ	a' ngwei
depositare (vt)	ငွေအပ်သည်	ngwei a' te
trasferimento (m) telegrafico	ကြေးနန်းဖြင့်ငွေလွှဲခြင်း	kjei: nan: bjin. ngwe hlwe: gjin
rimettere i soldi	ကြေးနန်းဖြင့်ငွေလွှဲသည်	kjei: nan: bjin. ngwe hlwe: de

somma (f)	ပေါင်းလဒ်	paun: la'
Quanto?	ဘယ်လောက်လဲ	be lau' le:

firma (f)	လက်မှတ်	le' hma'
firmare (vt)	လက်မှတ်ထိုးသည်	le' hma' htou: de

carta (f) di credito	အကြွေးဝယ်ကဒ်-ခရက်ဒစ်ကဒ်	achwei: we ka' - ka' je' da' ka'
codice (m)	ကုဒ်နံပါတ်	kou' nan ba'
numero (m) della carta di credito	ခရက်ဒစ်ကဒ်နံပါတ်	kha. je' di' ka' nan ba'
bancomat (m)	အလိုအလျောက်ငွေထုတ်စက်	alou aljau' ngwei htou' se'

assegno (m)	ချက်လက်မှတ်	che' le' hma'
emettere un assegno	ချက်ရေးသည်	che' jei: de
libretto (m) di assegni	ချက်စာအုပ်	che' sa ou'

prestito (m)	ချေးငွေ	chei: ngwei
fare domanda per un prestito	ချေးငွေလျှောက်လွှာတင်သည်	chei: ngwei shau' hlwa din de
ottenere un prestito	ချေးငွေရလှျသည်	chei: ngwei ja. ju de
concedere un prestito	ချေးငွေထုတ်ပေးသည်	chei: ngwei htou' pei: de
garanzia (f)	အာမခံပစ္စည်း	a ma. gan bji' si:

44. Telefono. Conversazione telefonica

telefono (m)	တယ်လီဖုန်း	te li hpoun:
telefonino (m)	မိုဘိုင်းဖုန်း	mou bain: hpoun:
segreteria (f) telefonica	ဖုန်းထူးစက်	hpoun: du: ze'

telefonare (vi, vt)	ဖုန်းဆက်သည်	hpoun: ze' te
chiamata (f)	အဝင်ဖုန်း	awin hpun:

comporre un numero	နံပါတ် နှိပ်သည်	nan ba' hnei' te
Pronto!	ဟလို	ha. lou
chiedere (domandare)	မေးသည်	mei: de
rispondere (vi, vt)	ဖြေသည်	hpjei de

udire (vt)	ကြားသည်	ka: de
bene	ကောင်းကောင်း	kaun: gaun:
male	အရမ်းမကောင်း	ajan: ma. gaun:
disturbi (m pl)	ဖြတ်ဝင်သည့်ရှုညံသံ	hpja' win dhi. zu njan dhan

cornetta (f)	တယ်လီဖုန်းနားကြပ်ပိုင်း	te li hpoun: na: gja' pain:
alzare la cornetta	ဖုန်းကောက်ကိုင်သည်	hpoun: gau' gain de
riattaccare la cornetta	ဖုန်းချသည်	hpoun: gja de

occupato (agg)	လိုင်းမအားသော	lain: ma. a: de.
squillare (del telefono)	မြည်သည်	mji de
elenco (m) telefonico	တယ်လီဖုန်းလမ်းညွှန်စာအုပ်	te li hpoun: lan: hnjun za ou'

locale (agg)	ပြည်တွင်းဒေသတွင်းဖြစ်သော	pji dwin: dei. dha dwin: bji' te.
telefonata (f) urbana	ပြည်တွင်းခေါ်ဆိုမှု	pji dwin: go zou hmu.
interurbano (agg)	အဝေးခေါ်ဆိုနိုင်သော	awei: go zou nain de.
telefonata (f) interurbana	အဝေးခေါ်ဆို	awei: go zou hmu.
internazionale (agg)	အပြည်ပြည်ဆိုင်ရာဖြစ်သော	apji pji zain ja bja' de.
telefonata (f) internazionale	အပြည်ပြည်ဆိုင်ရာခေါ်ဆိုမှု	apji pji zain ja go: zou hmu

45. Telefono cellulare

telefonino (m)	မိုဘိုင်းဖုန်း	mou bain: hpoun:
schermo (m)	ပြသရုင်း	pja. dha. gjin:
tasto (m)	ခလုတ်	khalou'
scheda SIM (f)	ဆင်းကဒ်	hsin: ka'

pila (f)	ဘတ်ထရီ	ba' hta ji
essere scarico	ဖုန်းအားကုန်သည်	hpoun: a: goun: de
caricabatteria (m)	အားသွင်းကြိုး	a: dhwin: gjou:

menù (m)	အစားအသောက်စာရင်း	asa: athau' sa jin:
impostazioni (f pl)	ရှိန်ညှိခြင်း	chein hnji. chin:
melodia (f)	တီးလုံး	ti: loun:
scegliere (vt)	ရွေးချယ်သည်	jwei: che de

calcolatrice (f)	ဂဏန်းပေါင်းစက်	ganan: baun: za'
segreteria (f) telefonica	အသံမေးလ်	athan mei:l
sveglia (f)	နိုးစက်	hnou: ze'
contatti (m pl)	ဖုန်းအဆက်အသွယ်များ	hpoun: ase' athwe mja:

messaggio (m) SMS	မက်ဆေ့ဂျ်	me' zei. gja
abbonato (m)	အသုံးပြုသူ	athoun: bju. dhu

46. Articoli di cancelleria

penna (f) a sfera	ဘောပင်	bo pin
penna (f) stilografica	ဖောင်တိန်	hpaun din

matita (f)	ခဲတံ	khe: dan
evidenziatore (m)	အရောင်တောက်မင်တံ	ajaun dau' min dan
pennarello (m)	ရေဆေးစုတ်တံ	jei zei: zou' tan

taccuino (m)	မှတ်စုစာအုပ်	hma' su. za ou'
agenda (f)	နေ့စဉ်မှတ်တမ်းစာအုပ်	nei. zin hma' tan: za ou'

righello (m)	ပေတံ	pei dan
calcolatrice (f)	ဂဏန်းပေါင်းစက်	ganan: baun: za'
gomma (f) per cancellare	ခဲဖျက်	khe: bje'
puntina (f)	ထိပ်ပြားကြီးသံရို	htei' pja: gji: dhan hmou
graffetta (f)	တွယ်ချိတ်	twe gjei'

colla (f)	ကော်	ko
pinzatrice (f)	စာတက်ပလာ	sate' pa. la
perforatrice (f)	အပေါက်ဖောက်စက်	apau' hpau' se'
temperamatite (m)	ခဲချွန်စက်	khe: chun ze'

47. Lingue straniere

lingua (f)	ဘာသာစကား	ba dha zaga:
straniero (agg)	နိုင်ငံခြားနှင့်ဆိုင်သော	nain ngan gja: hnin. zain de.
lingua (f) straniera	နိုင်ငံခြားဘာသာစကား	nain ngan gja: ba dha za ga:
studiare (vt)	သင်ယူလေ့လာသည်	thin ju lei. la de
imparare (una lingua)	သင်ယူသည်	thin ju de

leggere (vi, vt)	ဖတ်သည်	hpa' te
parlare (vi, vt)	ပြောသည်	pjo: de
capire (vt)	နားလည်သည်	na: le de
scrivere (vi, vt)	ရေးသည်	jei: de

rapidamente	မြန်မြန်	mjan mjan
lentamente	ဖြည်းဖြည်း	hpjei: bjei:
correntemente	ကျွမ်းကျွမ်းကျင်ကျင်	kjwan: gjwan: gjin gjin

regole (f pl)	စည်းမျဉ်းစည်းကမ်း	si: mjin: si: kan:
grammatica (f)	သဒ္ဒါ	dhada
lessico (m)	ဝေါဟာရ	wo: ha ra.
fonetica (f)	သဒ္ဒဝေဒ	dhada. bei da.

manuale (m)	ဖတ်စာအုပ်	hpa' sa au'
dizionario (m)	အဘိဓာန်	abi. dan
manuale (m) autodidattico	မိမိဘာသာလေ့လာနိုင်သောစာအုပ်	mi. mi. ba dha lei. la nain dho: za ou'
frasario (m)	နှစ်ဘာသာစကားပြောစာအုပ်	hni' ba dha zaga: bjo: za ou'

cassetta (f)	တိပ်ခွေ	tei' khwei
videocassetta (f)	ရုပ်ရှင်တိပ်ခွေ	jou' shin dei' hpwei
CD (m)	စီဒီခွေ	si di gwei
DVD (m)	ဒီဗွီဒီခွေ	di bi di gwei

alfabeto (m)	အက္ခရာ	e' kha ja
compitare (vt)	စာလုံးပေါင်းသည်	sa loun: baun: de
pronuncia (f)	အသံထွက်	athan dwe'

accento (m)	ဝဲသံ	we: dhan
con un accento	ဝဲသံနှင့်	we: dhan hnin.
senza accento	ဝဲသံမပါဘဲ	we: dhan ma. ba be:

vocabolo (m)	စကားလုံး	zaga: loun:
significato (m)	အဓိပ္ပါယ်	adei' be
corso (m) (~ di francese)	သင်တန်း	thin dan:
iscriversi (vr)	စာရင်းသွင်းသည်	sajin: dhwin: de
insegnante (m, f)	ဆရာ	hsa ja
traduzione (f) (fare una ~)	ဘာသာပြန်ခြင်း	ba dha bjan gjin:
traduzione (f) (un testo)	ဘာသာပြန်ထားချက်	ba dha bjan da: gje'
traduttore (m)	ဘာသာပြန်	ba dha bjan
interprete (m)	စကားပြန်	zaga: bjan
poliglotta (m)	ဘာသာစကားအများ ပြောနိုင်သူ	ba dha zaga: amja: bjo: nain dhu
memoria (f)	မှတ်ဉာဏ်	hma' njan

PASTI. RISTORANTE

48. Preparazione della tavola

cucchiaio (m)	ဇွန်း	zun:
coltello (m)	ဓား	da:
forchetta (f)	ခက်ရင်း	khajin:
tazza (f)	ခွက်	khwe'
piatto (m)	ပန်းကန်ပြား	bagan: bja:
piattino (m)	အောက်ခံပန်းကန်ပြား	au' khan ban: kan pja:
tovagliolo (m)	လက်သုတ်ပုဝါ	le' thou' pu. wa
stuzzicadenti (m)	သွားကြားထိုးတံ	thwa: kja: dou: dan

49. Ristorante

ristorante (m)	စားသောက်ဆိုင်	sa: thau' hsain
caffè (m)	ကော်ဖီဆိုင်	ko hpi zain
pub (m), bar (m)	ဘား	ba:
sala (f) da tè	လက်ဖက်ရည်ဆိုင်	le' hpe' ji zain
cameriere (m)	စားပွဲထိုး	sa: bwe: dou:
cameriera (f)	စားပွဲထိုးမိန်းကလေး	sa: bwe: dou: mein: ga. lei:
barista (m)	အရက်ဘားဝန်ထမ်း	aje' ba: wun dan:
menù (m)	စားသောက်ဖွယ်စာရင်း	sa: thau' hpwe za jin:
lista (f) dei vini	ဝိုင်စာရင်း	wain za jin:
prenotare un tavolo	စားပွဲကြိုတင်မှာယူသည်	sa: bwe: gjou din hma ju de
piatto (m)	ဟင်းပွဲ	hin: bwe:
ordinare (~ il pranzo)	မှာသည်	hma de
fare un'ordinazione	မှာသည်	hma de
aperitivo (m)	နတ်မြိန်ဆေး	hna' mjein zei:
antipasto (m)	နတ်မြိန်စာ	hna' mjein za
dolce (m)	အချိုပွဲ	achou bwe:
conto (m)	ကျသင့်ငွေ	kja. thin. ngwei
pagare il conto	ကုန်ကျငွေရှင်းသည်	koun gja ngwei shin: de
dare il resto	ပြန်အမ်းသည်	pjan an: de
mancia (f)	မုန့်ဖိုး	moun. bou:

50. Pasti

cibo (m)	အစားအစာ	asa: asa
mangiare (vi, vt)	စားသည်	sa: de

colazione (f)	နံနက်စာ	nan ne' za
fare colazione	နံနက်စာစားသည်	nan ne' za za: de
pranzo (m)	နေ့လယ်စာ	nei. le za
pranzare (vi)	နေ့လယ်စာစားသည်	nei. le za za de
cena (f)	ညစာ	nja. za
cenare (vi)	ညစာစားသည်	nja. za za: de
appetito (m)	စားချင်စိတ်	sa: gjin zei'
Buon appetito!	စားကောင်းပါစေ	sa: gaun: ba zei
aprire (vt)	ဖွင့်သည်	hpwin. de
rovesciare (~ il vino, ecc.)	ဖိတ်ကျသည်	hpi' kja de
rovesciarsi (vr)	မှောက်သည်	hmau' de
bollire (vi)	ဆူပွက်သည်	hsu. bwe' te
far bollire	ဆူပွက်သည်	hsu. bwe' te
bollito (agg)	ဆူပွက်ထားသော	hsu. bwe' hta: de.
raffreddare (vt)	အအေးခံသည်	aei: gan de
raffreddarsi (vr)	အေးသွားသည်	ei: dhwa: de
gusto (m)	အရသာ	aja. dha
retrogusto (m)	ပအာခြင်း	pa. achin:
essere a dieta	ဝိတ်ချသည်	wei' cha. de
dieta (f)	ဓာတ်စာ	da' sa
vitamina (f)	ဗီတာမင်	bi ta min
caloria (f)	ကယ်လိုရီ	ke lou ji
vegetariano (m)	သက်သက်လွတ်စားသူ	the' the' lu' za: dhu
vegetariano (agg)	သက်သက်လွတ်စားသော	the' the' lu' za: de.
grassi (m pl)	အဆီ	ahsi
proteine (f pl)	အသားဓာတ်	atha: da'
carboidrati (m pl)	ကစီဓာတ်	ka. zi da'
fetta (f), fettina (f)	အချပ်	acha'
pezzo (m) (~ di torta)	အတုံး	atoun:
briciola (f) (~ di pane)	အစအန	asa an

51. Pietanze cucinate

piatto (m) (~ principale)	ဟင်းပွဲ	hin: bwe:
cucina (f)	အစားအသောက်	asa: athau'
ricetta (f)	ဟင်းချက်နည်း	hin: gji' ne:
porzione (f)	တစ်ယောက်စာဟင်းပွဲ	ti' jau' sa hin: bwe:
insalata (f)	အသုပ်	athou'
minestra (f)	စွပ်ပြုတ်	su' pjou'
brodo (m)	ဟင်းရည်	hin: ji
panino (m)	အသားညှပ်ပေါင်မုန့်	atha: hnja' paun moun.
uova (f pl) al tegamino	ကြက်ဥကြော်	kje' u. kjo
hamburger (m)	ဟန်ဘာဂါ	han ba ga
bistecca (f)	အမဲသားတုံး	ame: dha: doun:

contorno (m)	အရံဟင်း	ajan hin:
spaghetti (m pl)	အီတလီခေါက်ဆွဲ	ita. li khau' hswe:
purè (m) di patate	အာလူးနွားနှင့်ဖျော်	a luu: nwa: nou. bjo
pizza (f)	ပီဇာ	pi za
porridge (m)	အုတ်ဂျုံယာဂု	ou' gjoun ja gu.
frittata (f)	ကြက်ဥခေါက်ကြော်	kje' u. khau' kjo
bollito (agg)	ပြုတ်ထားသော	pjou' hta: de.
affumicato (agg)	ကြိုတင်ထားသော	kja' tin da: de.
fritto (agg)	ကြော်ထားသော	kjo da de.
secco (agg)	ခြောက်နေသော	chau' nei de.
congelato (agg)	အေးခဲနေသော	ei: khe: nei de.
sottoaceto (agg)	သားရည်စိမ်ထားသော	hsa:
dolce (gusto)	ချိုသော	chou de.
salato (agg)	ငန်သော	ngan de.
freddo (agg)	အေးသော	ei: de.
caldo (agg)	ပူသော	pu dho:
amaro (agg)	ခါးသော	kha: de.
buono, gustoso (agg)	အရသာရှိသော	aja. dha shi. de.
cuocere, preparare (vt)	ပြုတ်သည်	pjou' te
cucinare (vi)	ချက်သည်	che' de
friggere (vt)	ကြော်သည်	kjo de
riscaldare (vt)	အပူပေးသည်	apu bei: de
salare (vt)	သားထည့်သည်	hsa: hte. de
pepare (vt)	အစပ်ထည့်သည်	asin hte. dhe
grattugiare (vt)	ခြစ်သည်	chi' te
buccia (f)	အခွံ	akhun
sbucciare (vt)	အခွံနွာသည်	akhun hnwa de

52. Cibo

carne (f)	အသား	atha:
pollo (m)	ကြက်သား	kje' tha:
pollo (m) novello	ကြက်ကလေး	kje' ka. lei:
anatra (f)	ဘဲသား	be: dha:
oca (f)	ဘဲငန်းသား	be: ngan: dha:
cacciagione (f)	တောကောင်သား	to: gaun dha:
tacchino (m)	ကြက်ဆင်သား	kje' hsin dha:
maiale (m)	ဝက်သား	we' tha:
vitello (m)	နွားကလေးသား	nwa: ga. lei: dha:
agnello (m)	သိုးသား	thou: tha:
manzo (m)	အမဲသား	ame: dha:
coniglio (m)	ယုန်သား	joun dha:
salame (m)	ဝက်အူချောင်း	we' u gjaun:
w?rstel (m)	အသားချောင်း	atha: gjaun:
pancetta (f)	ဝက်သားနယ်ခြောက်	we' has: ne gjau'
prosciutto (m)	ဝက်ပေါင်ခြောက်	we' paun gjau'
prosciutto (m) affumicato	ဝက်ပေါင်ကြက်ဝုတိုက်	we' paun gje' tai'
pâté (m)	အနစ်အခဲပျော	ahni' akhe pjo.

fegato (m)	အသည်း	athe:
carne (f) trita	ကြိတ်သား	kjei' tha:
lingua (f)	လျှာ	sha

uovo (m)	ဥ	u.
uova (f pl)	ဥများ	u. mja:
albume (m)	အကာ	aka
tuorlo (m)	အနှစ်	ahni'

pesce (m)	ငါး	nga:
frutti (m pl) di mare	ပင်လယ်အစားအစာ	pin le asa: asa
crostacei (m pl)	အခွံမာရေနေသတ္တဝါ	akhun ma jei nei dha' ta. wa
caviale (m)	ငါးဥ	nga: u.

granchio (m)	ကဏန်း	kanan:
gamberetto (m)	ပုစွန်	bazun
ostrica (f)	ကမာကောင်	kama kaun
aragosta (f)	ကျောက်ပုစွန်	kjau' pu. zun
polpo (m)	ရေဘဝဲသား	jei ba. we: dha:
calamaro (m)	ပြည်ကြီးငါး	pjei gji: nga:

storione (m)	စတာဂျင်ငါး	sata gjin nga:
salmone (m)	ဆော်လမွန်ငါး	hso: la. mun nga:
ippoglosso (m)	ပင်လယ်ငါးကြီးသား	pin le nga: gji: dha:

merluzzo (m)	ငါးကြီးဆီထုတ်သောငါး	nga: gji: zi dou' de. nga:
scombro (m)	မက်ကရယ်ငါး	me' ka. je nga:
tonno (m)	တူနာငါး	tu na nga:
anguilla (f)	ငါးရှဉ့်	nga: shin.

trota (f)	ထရောက်ငါး	hta. jau' nga:
sardina (f)	ငါးသေတ္တာငါး	nga: dhei ta' nga:
luccio (m)	ပိုက်ငါး	pai' nga
aringa (f)	ငါးသလောက်	nga: dha. lau'

pane (m)	ပေါင်မုန့်	paun moun.
formaggio (m)	ဒိန်ခဲ	dain ge:
zucchero (m)	သကြား	dhagja:
sale (m)	ဆား	hsa:

riso (m)	ဆန်စပါး	hsan zaba
pasta (f)	အီတာလီခေါက်ဆွဲ	ita. li khau' hswe:
tagliatelle (f pl)	ခေါက်ဆွဲ	gau' hswe:

burro (m)	ထောပတ်	hto: ba'
olio (m) vegetale	ဆီ	hsi
olio (m) di girasole	နေကြာပန်းဆီ	nei gja ban: zi
margarina (f)	ဟင်းရွက်အဆီခဲ	hin: jwe' ahsi khe:

olive (f pl)	သံလွင်သီး	than lun dhi:
olio (m) d'oliva	သံလွင်ဆီ	than lun zi

latte (m)	နွားနို့	nwa: nou.
latte (m) condensato	နို့ဆီ	ni. zi
yogurt (m)	ဒိန်ချဉ်	dain gjin
panna (f) acida	နို့ချဉ်	nou. gjin

panna (f)	မလိုင်	ma. lain
maionese (m)	ခံပျစ်ပျစ်စားမြိန်ရည်	kha' pji' pji' sa: mjein jei
crema (f)	ထောပတ်မလိုင်	hto: ba' ma. lein

cereali (m pl)	နံစားစေ့	nhnan za: zei.
farina (f)	ဂျုံမှုန့်	gjoun hmoun.
cibi (m pl) in scatola	စည်သွပ်ပုံးများ	si dhwa' bu: mja:

fiocchi (m pl) di mais	ပြောင်းဖူးမှုန့်ဆန်း	pjaun: bu: moun. zan:
miele (m)	ပျားရည်	pja: je
marmellata (f)	ယို	jou
gomma (f) da masticare	ပီကေ	pi gei

53. Bevande

acqua (f)	ရေ	jei
acqua (f) potabile	သောက်ရေ	thau' jei
acqua (f) minerale	ဓာတ်ဆားရည်	da' hsa: ji

liscia (non gassata)	ဂတ်စ်မပါသော	ga' s ma. ba de.
gassata (agg)	ဂတ်စ်ပါသော	ga' s ba de.
frizzante (agg)	စပါကလင်	saba ga. lin
ghiaccio (m)	ရေခဲ	jei ge:
con ghiaccio	ရေခဲနှင့်	jei ge: hnin.

analcolico (agg)	အယ်ကိုဟောမပါသော	e kou ho: ma. ba de.
bevanda (f) analcolica	အယ်ကိုဟောမဟုတ် သော ဓသောက်စရာ	e kou ho: ma. hou' te. dhau' sa. ja
bibita (f)	အဖျော်	aei:
limonata (f)	လီမွန်ဖျော်ရည်	li mun hpjo ji

bevande (f pl) alcoliche	အယ်ကိုဟောပါဝင် သော ဓသောက်စရာ	e kou ho: ba win de. dhau' sa. ja
vino (m)	ဝိုင်	wain
vino (m) bianco	ဝိုင်ဖြူ	wain gju
vino (m) rosso	ဝိုင်နီ	wain ni

liquore (m)	အရက်ရှိုပြင်း	aje' gjou pjin
champagne (m)	ရှန်ပိန်	shan pein
vermouth (m)	ရန်သင်းသောဆေးစိမ်ဝိုင်	jan dhin: dho: zei: zein wain

whisky	ဝီစကီ	wi sa. gi
vodka (f)	ဗော့ကာ	bo ga
gin (m)	ဂျင်	gjin
cognac (m)	ကော့ညက်	ko. nja'
rum (m)	ရမ်	ran

caffè (m)	ကော်ဖီ	ko hpi
caffè (m) nero	ဘလက်ကော်ဖီ	ba. le' ko: phi
caffè latte (m)	ကော်ဖီနို့ရော	ko hpi ni. jo:
cappuccino (m)	ကပူချီနို	ka. pu chi ni.
caffè (m) solubile	ကော်ဖီမှုတ်	ko hpi mi'
latte (m)	နွားနို့	nwa: nou.
cocktail (m)	ကော့တေး	ko. dei:

57

frullato (m)	မစ်ရှိတ်	mi' shei'
succo (m)	အချိုရည်	achou ji
succo (m) di pomodoro	ရေမ်းချဉ်သီးအချိုရည်	khajan: chan dhi: achou jei
succo (m) d'arancia	လိမ္မော်ရည်	limmo ji
spremuta (f)	အသီးဖျော်ရည်	athi: hpjo je
birra (f)	ဘီယာ	bi ja
birra (f) chiara	အရောင်ဖျော့သောဘီယာ	ajaun bjau. de. bi ja
birra (f) scura	အရောင်ရင့်သောဘီယာ	ajaun jin. de. bi ja
tè (m)	လက်ဖက်ရည်	le' hpe' ji
tè (m) nero	လက်ဖက်နက်	le' hpe' ne'
tè (m) verde	လက်ဖက်စိမ်း	le' hpe' sein:

54. Verdure

ortaggi (m pl)	ဟင်းသီးဟင်းရွက်	hin: dhi: hin: jwe'
verdura (f)	ဟင်းခတ်အမွှေးရွက်	hin: ga' ahmwei: jwe'
pomodoro (m)	ခရမ်းချဉ်သီး	khajan: chan dhi:
cetriolo (m)	သခွားသီး	thakhwa: dhi:
carota (f)	မုန်လာဥနီ	moun la u. ni
patata (f)	အာလူး	a lu:
cipolla (f)	ကြက်သွန်နီ	kje' thwan ni
aglio (m)	ကြက်သွန်ဖြူ	kje' thwan bju
cavolo (m)	ဂေါ်ဖီ	go bi
cavolfiore (m)	ပန်းဂေါ်ဖီ	pan: gozi
cavoletti (m pl) di Bruxelles	ဂေါ်ဖီထုပ်အသေးစား	go bi dou' athei: za:
broccolo (m)	ပန်းဂေါ်ဖီအစိမ်း	pan: gozi asein:
barbabietola (f)	မုန်လာဥနီလုံး	moun la u. ni loun:
melanzana (f)	ခရမ်းသီး	khajan: dhi:
zucchina (f)	ဘူးသီး	bu: dhi:
zucca (f)	ဖရုံသီး	hpa joun dhi:
rapa (f)	တရုတ်မုန်လာဥ	tajou' moun la u.
prezzemolo (m)	တရုတ်နံနံပင်	tajou' nan nan bin
aneto (m)	စမြိတ်ပင်	samjei' pin
lattuga (f)	ဆလပ်ရွက်	hsa. la' jwe'
sedano (m)	တရုတ်နံနံကြီး	tajou' nan nan gji:
asparago (m)	ကညွတ်မာပင်	ka. nju' ma bin
spinaci (m pl)	ဒေါက်ခွ	dau' khwa.
pisello (m)	ပဲစေ့	pe: zei.
fave (f pl)	ပဲအမျိုးမျိုး	pe: amjou: mjou:
mais (m)	ပြောင်းဖူး	pjaun: bu:
fagiolo (m)	ပိုလိစားပဲ	bou za: be:
peperone (m)	ငရုတ်သီး	nga jou' thi:
ravanello (m)	မုန်လာဥသေး	moun la u. dhei:
carciofo (m)	အာတိခရော	a ti cho.

55. Frutta. Noci

Italiano	Birmano	Pronuncia
frutto (m)	အသီး	athi:
mela (f)	ပန်းသီး	pan: dhi:
pera (f)	သစ်တော်သီး	thi' to dhi:
limone (m)	သံပုယိုသီး	than bu. jou dhi:
arancia (f)	လိမ္မော်သီး	limmo dhi:
fragola (f)	စတော်ဘယ်ရီသီး	sato be ri dhi:
mandarino (m)	ဂျားလိမ္မော်သီး	pja: lein mo dhi:
prugna (f)	ဆီးသီး	hsi: dhi:
pesca (f)	မက်မွန်သီး	me' mwan dhi:
albicocca (f)	တရုတ်ဆီးသီး	jau' hsi: dhi:
lampone (m)	ရက်စဘယ်ရီ	re' sa be ji
ananas (m)	နာနတ်သီး	na na' dhi:
banana (f)	ငှက်ပျောသီး	hnge' pjo: dhi:
anguria (f)	ဖရဲသီး	hpa. je: dhi:
uva (f)	စပျစ်သီး	zabji' thi:
amarena (f), ciliegia (f)	ချယ်ရီသီး	che ji dhi:
amarena (f)	ချယ်ရီဂျင်သီး	che ji gjin dhi:
ciliegia (f)	ချယ်ရီချိုသီး	che ji gjou dhi:
melone (m)	သခွားမွေးသီး	thakhwa: hmwei: dhi:
pompelmo (m)	ဂရိတ်ဖရုသီး	ga. ri' hpa. ju dhi:
avocado (m)	ထောပတ်သီး	hto: ba' thi:
papaia (f)	သဘော်သီး	thin: bo: dhi:
mango (m)	သရက်သီး	thaje' thi:
melagrana (f)	တလင်းသီး	tale: dhi:
ribes (m) rosso	အနီရောင်ဘယ်ရီသီး	ani jaun be ji dhi:
ribes (m) nero	ဘလက်ကားရန့်	ba. le' ka: jan.
uva (f) spina	ကလားဆီးဖြူ	ka. la: his: hpju
mirtillo (m)	ဘီဘယ်ရီအသီး	bi: be ji athi:
mora (f)	ရှမ်းဆီးသီး	shan: zi: di:
uvetta (f)	စပျစ်သီးခြောက်	zabji' thi: gjau'
fico (m)	သဖန်းသီး	thahpjan: dhi:
dattero (m)	စွန်ပလွံသီး	sun palun dhi:
arachide (f)	မြေပဲ	mjei be:
mandorla (f)	ဗာဒံသီး	ba dan di:
noce (f)	သစ်ကြားသီး	thi' kja: dhi:
nocciola (f)	ဟောဇယ်သီး	ho: ze dhi:
noce (f) di cocco	အုန်းသီး	aun: dhi:
pistacchi (m pl)	ခွဲမာသီး	khwan ma dhi:

56. Pane. Dolci

Italiano	Birmano	Pronuncia
pasticceria (f)	မုန့်ချို	moun. gjou
pane (m)	ပေါင်မုန့်	paun moun.
biscotti (m pl)	ဘီစကစ်	bi za. ki'
cioccolato (m)	ချောကလက်	cho: ka. le'

al cioccolato (agg)	ချောကလက်အရသာရှိသော	cho: ka. le' aja. dha shi. de.
caramella (f)	သကြားလုံး	dhagja: loun:
tortina (f)	ကိတ်	kei'
torta (f)	ကိတ်မုန့်	kei' moun.
crostata (f)	ပိုင်မုန့်	pain hmoun.
ripieno (m)	သွပ်ထားသောအစာ	thu' hta: dho: asa
marmellata (f)	ယို	jou
marmellata (f) di agrumi	အထူးပြုလုပ်ထားသော ယို	a htu: bju. lou' hta: de. jou
wafer (m)	ဝေဖာ	wei hpa
gelato (m)	ရေခဲမုန့်	jei ge: moun.
budino (m)	ပူတင်း	pu tin:

57. Spezie

sale (m)	ဆား	hsa:
salato (agg)	ငန်သော	ngan de.
salare (vt)	ဆားထည့်သည်	hsa: hte. de
pepe (m) nero	ငရုတ်ကောင်း	nga jou' kaun:
peperoncino (m)	ငရုတ်သီး	nga jou' thi:
senape (f)	မုန်ညင်း	moun njin:
cren (m)	သင်္ဘောဒန့်သလွန်	thin: bo: dan. dha lun
condimento (m)	ဟင်းခတ်အမှုန့်အမျိုးမျိုး	hin: ga' ahnun. amjou: mjou:
spezie (f pl)	ဟင်းခတ်အမွှေးအကြိုင်	hin: ga' ahmwei: akjain
salsa (f)	ဆော့	hso.
aceto (m)	ရှာလကာရည်	sha la. ga je
anice (m)	စမုန်စပါးပင်	samoun zaba: bin
basilico (m)	ပင်စိမ်း	pin zein:
chiodi (m pl) di garofano	လေးညှင်း	lei: hnjin:
zenzero (m)	ဂျင်း	gjin:
coriandolo (m)	နံနံပင်	nan nan bin
cannella (f)	သစ်ကြံပိုးခေါက်	thi' kjan bou: gau'
sesamo (m)	နှမ်း	hnan:
alloro (m)	ကရဝေးရွက်	ka ja wei: jwe'
paprica (f)	ပန်းငရုတ်မှုန့်	pan: nga. jou' hnoun.
cumino (m)	ကရဝေး	ka. ja. wei:
zafferano (m)	ကုံကုမံ	koun kou man

INFORMAZIONI PERSONALI. FAMIGLIA

58. Informazioni personali. Moduli

nome (m)	အမည်	amji
cognome (m)	မိသားစုအမည်	mi. dha: zu. amji
data (f) di nascita	မွေးနေ့,	mwei: nei,
luogo (m) di nascita	မွေးရပ်	mwer: ja'
nazionalità (f)	လူမျိုး	lu mjou:
domicilio (m)	နေရပ်ဒေသ	nei ja' da. dha.
paese (m)	နိုင်ငံ	nain ngan
professione (f)	အလုပ်အကိုင်	alou' akain
sesso (m)	လိင်	lin
statura (f)	အရပ်	aja'
peso (m)	ကိုယ်အလေးချိန်	kou alei: chain

59. Membri della famiglia. Parenti

madre (f)	အမေ	amei
padre (m)	အဖေ	ahpei
figlio (m)	သား	tha;
figlia (f)	သမီး	thami:
figlia (f) minore	သမီးအငယ်	thami: ange
figlio (m) minore	သားအငယ်	tha: ange
figlia (f) maggiore	သမီးအကြီး	thami: akji:
figlio (m) maggiore	သားအကြီး	tha: akji:
fratello (m)	ညီအစ်ကို	nji a' kou
fratello (m) maggiore	အစ်ကို	akou
fratello (m) minore	ညီ	nji
sorella (f)	ညီအစ်မ	nji a' ma
sorella (f) maggiore	အစ်မ	ama.
sorella (f) minore	ညီမ	nji ma.
cugino (m)	ဝမ်းကွဲအစ်ကို	wan: kwe: i' kou
cugina (f)	ဝမ်းကွဲညီမ	wan: kwe: nji ma.
mamma (f)	မေမေ	mei mei
papà (m)	ဖေဖေ	hpei hpei
genitori (m pl)	မိဘတွေ	mi. ba. dwei
bambino (m)	ကလေး	kalei:
bambini (m pl)	ကလေးများ	kalei: mja:
nonna (f)	အဘွား	ahpwa
nonno (m)	အဘိုး	ahpou:

nipote (m) (figlio di un figlio)	၈မြေး	mjei:
nipote (f)	မြေးမ	mjei: ma.
nipoti (pl)	မြေးများ	mjei: mja:
zio (m)	ဦးလေး	u: lei:
zia (f)	အဒေါ်	ado
nipote (m) (figlio di un fratello)	တူ	tu
nipote (f)	တူမ	tu ma.
suocera (f)	ယောက္ခမ	jau' khama.
suocero (m)	ယောက္ခထီး	jau' khadi:
genero (m)	သားမက်	tha: me'
matrigna (f)	မိထွေး	mi. dwei:
patrigno (m)	ပထွေး	pahtwei:
neonato (m)	နို့စို့ကလေး	nou. zou. galei:
infante (m)	ကလေးငယ်	kalei: nge
bimbo (m), ragazzino (m)	ကလေး	kalei:
moglie (f)	မိန်းမ	mein: ma.
marito (m)	ယောက်ျား	jau' kja:
coniuge (m)	ခင်ပွန်း	khin bun:
coniuge (f)	ဇနီး	zani:
sposato (agg)	မိန်းမရှိသော	mein: ma. shi. de.
sposata (agg)	ယောက်ျားရှိသော	jau' kja: shi de
celibe (agg)	လူလွတ်ဖြစ်သော	lu lu' hpji te.
scapolo (m)	လူပျို	lu bjou
divorziato (agg)	တစ်ခုလပ်ဖြစ်သော	ti' khu. la' hpji' te.
vedova (f)	မုဆိုးမ	mu. zou: ma.
vedovo (m)	မုဆိုးဖို	mu. zou: bou
parente (m)	ဆွေမျိုး	hswe mjou:
parente (m) stretto	ဆွေမျိုးရင်းချာ	hswe mjou: jin: gja
parente (m) lontano	ဆွေမျိုးနီးစပ်	hswe mjou: ni: za'
parenti (m pl)	မွေးချင်းများ	mwei: chin: mja:
orfano (m), orfana (f)	မိဘမဲ့	mi. ba me.
orfano (m)	မိဘမဲ့ကလေး	mi. ba me. ga lei:
orfana (f)	မိဘမဲ့ကလေးမ	mi. ba me. ga lei: ma
tutore (m)	အုပ်ထိန်းသူ	ou' htin: dhu
adottare (~ un bambino)	သားအဖြစ်မွေးစားသည်	tha: ahpji' mwei: za: de
adottare (~ una bambina)	သမီးအဖြစ်မွေးစားသည်	thami: ahpji' mwei: za: de

60. Amici. Colleghi

amico (m)	သူငယ်ချင်း	thu nge gjin:
amica (f)	မိန်းကလေးသူငယ်ချင်း	mein: galei: dhu nge gjin:
amicizia (f)	ခင်မင်ရင်းနှီးမှု	khin min jin: ni: hmu.
essere amici	ခင်မင်သည်	khin min de
amico (m) (inform.)	အပေါင်းအသင်း	apaun: athin:
amica (f) (inform.)	အပေါင်းအသင်း	apaun: athin:
partner (m)	လုပ်ဖော်ကိုင်ဖက်	lou' hpo kain be'

capo (m)	အကြီးအကဲ	akji: ake:
capo (m), superiore (m)	အထက်လူကြီး	a hte' lu gji:
proprietario (m)	ပိုင်ရှင်	pain shin
subordinato (m)	လက်အောက်ခံအမှုထမ်း	le' au' khan ahmu. htan:
collega (m)	လုပ်ဖော်ကိုင်ဖက်	lou' hpo kain be'

conoscente (m)	အကျွမ်းဝင်မှု	akjwan: win hmu.
compagno (m) di viaggio	ခရီးဖော်	khaji: bo
compagno (m) di classe	တစ်တန်းတည်းသား	ti' tan: de: dha:

vicino (m)	အိမ်နီးနားချင်း	ein ni: na: gjin:
vicina (f)	မိန်းကလေးအိမ်နီးနားချင်း	mein: galei: ein: ni: na: gjin:
vicini (m pl)	အိမ်နီးနားချင်းများ	ein ni: na: gjin: mja:

CORPO UMANO. MEDICINALI

61. Testa

Italiano	Birmano	Traslitterazione
testa (f)	ခေါင်း	gaun:
viso (m)	မျက်နာ	mje' hna
naso (m)	နာခေါင်း	hna gaun:
bocca (f)	ပါးစပ်	pa: zi'
occhio (m)	မျက်စိ	mje' si.
occhi (m pl)	မျက်စိများ	mje' si. mja:
pupilla (f)	သူငယ်အိမ်	thu nge ein
sopracciglio (m)	မျက်ခုံး	mje' khoun:
ciglio (m)	မျက်တောင်	mje' taun
palpebra (f)	မျက်ခွံ	mje' khwan
lingua (f)	လျှာ	sha
dente (m)	သွား	thwa:
labbra (f pl)	နုတ်ခမ်း	hna' khan:
zigomi (m pl)	ပါးရိုး	pa: jou:
gengiva (f)	သွားဖုံး	thwahpoun:
palato (m)	အာခေါင်	a gaun
narici (f pl)	နာခေါင်းပေါက်	hna gaun: bau'
mento (m)	မေးစေ့	mei: zei.
mascella (f)	မေးရိုး	mei: jou:
guancia (f)	ပါး	pa:
fronte (f)	နဖူး	na. hpu:
tempia (f)	နားထင်	na: din
orecchio (m)	နားရွက်	na: jwe'
nuca (f)	နောက်စေ့	nau' sei.
collo (m)	လည်ပင်း	le bin:
gola (f)	လည်ချောင်း	le gjaun:
capelli (m pl)	ဆံပင်	zabin
pettinatura (f)	ဆံပင်ပုံစံ	zabin boun zan
taglio (m)	ဆံပင်ညှပ်သည့်ပုံစံ	zabin hnja' thi. boun zan
parrucca (f)	ဆံပင်တု	zabin du.
baffi (m pl)	နုတ်ခမ်းမွေး	hnou' khan: hmwei:
barba (f)	မုတ်ဆိတ်မွေး	mou' hsei' hmwei:
portare (~ la barba, ecc.)	အရှည်ထားသည်	ashei hta: de
treccia (f)	ကျစ်ဆံမြီး	kji' zan mji:
basette (f pl)	ပါးသိုင်းမွေး	pa: dhain: hmwei:
rosso (agg)	ဆံပင်အနီရောင်ရှိသော	zabin ani jaun shi. de
brizzolato (agg)	အရောင်ဖျော့သော	ajaun bjo. de.
calvo (agg)	ထိပ်ပြောင်သော	htei' pjaun de.
calvizie (f)	ဆံပင်ကျွတ်နေသောနေရာ	zabin kju' nei dho nei ja

coda (f) di cavallo	မြင်းမြီးပုံစံဆံပင်	mjin: mji: boun zan zan bin
frangetta (f)	ဆံရစ်	hsaji'

62. Corpo umano

mano (f)	လက်	le'
braccio (m)	လက်မောင်း	le' maun:

dito (m)	လက်ချောင်း	le' chaun:
dito (m) del piede	ခြေချောင်း	chei gjaun:
pollice (m)	လက်မ	le' ma
mignolo (m)	လက်သန်း	le' than:
unghia (f)	လက်သည်းခွံ	le' the: dou' tan zin:

pugno (m)	လက်သီး	le' thi:
palmo (m)	လက်ဝါး	le' wa:
polso (m)	လက်ကောက်ဝတ်	le' kau' wa'
avambraccio (m)	လက်ဖျံ	le' hpjan
gomito (m)	တံတောင်ဆစ်	daduan zi'
spalla (f)	ပခုံး	pakhoun:

gamba (f)	ခြေထောက်	chei htau'
pianta (f) del piede	ခြေထောက်	chei htau'
ginocchio (m)	ဒူး	du:
polpaccio (m)	ခြေသလုံးကြွက်သား	chei dha. loun: gjwe' dha:
anca (f)	တင်ပါး	tin ba:
tallone (m)	ခြေဖနောင့်	chei ba. naun.

corpo (m)	ခန္ဓာကိုယ်	khan da kou
pancia (f)	ဗိုက်	bai'
petto (m)	ရင်ဘတ်	jin ba'
seno (m)	နို့	nou.
fianco (m)	နံပါး	nan ba:
schiena (f)	ကျော	kjo:
zona (f) lombare	ခါးအောက်ပိုင်း	kha: au' pain:
vita (f)	ခါး	kha:

ombelico (m)	ချက်	che'
natiche (f pl)	တင်ပါး	tin ba:
sedere (m)	နောက်ပိုင်း	nau' pain:

neo (m)	မှဲ့	hme.
voglia (f) (~ di fragola)	မွေးရာပါအမှတ်	mwei: ja ba ahma'
tatuaggio (m)	တက်တူး	te' tu:
cicatrice (f)	အမာရွတ်	ama ju'

63. Malattie

malattia (f)	ရောဂါ	jo: ga
essere malato	ဖျားနာသည်	hpa: na de
salute (f)	ကျန်းမာရေး	kjan: ma jei:
raffreddore (m)	နှာစေးခြင်း	hna zei: gjin:

tonsillite (f)	အာသီးရောင်ခြင်း	a sha. jaun gjin:
raffreddore (m)	အအေးမိခြင်း	aei: mi. gjin:
raffreddarsi (vr)	အအေးမိသည်	aei: mi. de

bronchite (f)	ချောင်းဆိုးရင်ကျပ်နာ	gaun: ou: jin gja' na
polmonite (f)	အဆုတ်ရောင်ရောဂါ	ahsou' jaun jo: ga
influenza (f)	တုပ်ကွေး	tou' kwei:

miope (agg)	အဝေးမှုန်သော	awei: hmun de.
presbite (agg)	အနီးမှုန်	ani: hmoun
strabismo (m)	မျက်စိစွေခြင်း	mje' zi. zwei gjin:
strabico (agg)	မျက်စိစွေသော	mje' zi. zwei de.
cateratta (f)	နာလက်ျန်းဖြစ်ခြင်း	na. ma. gjan: bji' chin:
glaucoma (m)	ရေတိမ်	jei dein

ictus (m) cerebrale	လေသင်တုန်းဖြတ်ခြင်း	lei dhin doun: bja' chin:
attacco (m) di cuore	နှလုံးဖောက်ပြန်မှု	hnaloun: bau' bjan hmu.
infarto (m) miocardico	နှလုံးကြွက်သားပုပ်ခြင်း	hnaloun: gjwe' tha: bou' chin:
paralisi (f)	သွက်ချာပါဒ	thwe' cha ba da.
paralizzare (vt)	ဆိုင်းတွသွားသည်	hsain: dwa dhwa: de

allergia (f)	မတည့်ခြင်း	ma. de. gjin:
asma (f)	ပန်းနာ	pan: na
diabete (m)	ဆီးချိုရောဂါ	hsi: gjou jau ba

| mal (m) di denti | သွားကိုက်ခြင်း | thwa: kai' chin: |
| carie (f) | သွာပိုးစားခြင်း | thwa: pou: za: gjin: |

diarrea (f)	ဝမ်းလျှောခြင်း	wan: sho: gjin:
stitichezza (f)	ဝမ်းချုပ်ခြင်း	wan: gjou' chin:
disturbo (m) gastrico	ဗိုက်နာခြင်း	bai' na gjin:
intossicazione (f) alimentare	အစာအဆိပ်သင့်ခြင်း	asa: ahsei' thin. gjin:
intossicarsi (vr)	အစားမှားခြင်း	asa: hma: gjin:

artrite (f)	အဆစ်ရောင်နာ	ahsi' jaun na
rachitide (f)	အရိုးပျော့နာ	ajou: bjau. na
reumatismo (m)	ဒုလာ	du la
aterosclerosi (f)	နှလုံးသွေးကြော အဆိပ်ဝခြင်း	hna. loun: twei: kjau ahsi pei' khin:

gastrite (f)	အစာအိမ်ရောင်ရမ်းနာ	asa: ein jaun jan: na
appendicite (f)	အူအတက်ရောင်ခြင်း	au hte' jaun gjin:
colecistite (f)	သည်းခြေပြန်ရောင်ခြင်း	thi: gjei bjun jaun gjin:
ulcera (f)	ဖက်ခွက်နာ	hpe' khwe' na

morbillo (m)	ဝက်သက်	we' the'
rosolia (f)	ဂျုက်သိုး	gjou' thou:
itterizia (f)	အသားဝါရောဂါ	atha: wa jo: ga
epatite (f)	အသည်းရောင်ရောဂါ	athe: jaun jau ba

schizofrenia (f)	စိတ်ကစဉ့်ကလျားရောဂါ	sei' ga. zin. ga. lja: jo: ga
rabbia (f)	ခွေးရူးပြန်ရောဂါ	khwei: ju: bjan jo: ba
nevrosi (f)	စိတ်ဝမဝမ့်ခြင်း	sei' mu ma. hman gjin:
commozione (f) cerebrale	ဦးနှောက်ထိခိုက်ခြင်း	oun: hnau' hti. gai' chin:
cancro (m)	ကင်ဆာ	kin hsa
sclerosi (f)	အသားမျှင်ဝက် မာသွားခြင်း	atha: hmjin kha' ma dwa: gjin:

sclerosi (f) multipla	အာရုံကြောပျက်စီး ရောင်ရမ်းသည့်ရောဂါ	a joun gjo: bje' si: jaun jan: dhi. jo: ga
alcolismo (m)	အရက်နာရွဲခြင်း	aje' na zwe: gjin:
alcolizzato (m)	အရက်သမား	aje' dha. ma:
sifilide (f)	ဆစ်ဖလစ်ကာလသားရောဂါ	his' hpa. li' ka la. dha: jo: ba
AIDS (m)	ကိုယ်ခံအားကျကူးစက်ရောဂါ	kou khan a: kja ku: za' jau ba

tumore (m)	အသားပို	atha: pou
maligno (agg)	ကင်ဆာဖြစ်နေသော	kin hsa bji' nei de.
benigno (agg)	ပြန့်ပွါးခြင်းမရှိသော	pjan. bwa: gjin: ma. shi. de.

febbre (f)	အဖျားတက်ရောဂါ	ahpja: de' jo: ga
malaria (f)	ငှက်ဖျားရောဂါ	hnge' hpja: jo: ba
cancrena (f)	ဂန်ဂရင်းနာရောဂါ	gan ga. ji na jo: ba
mal (m) di mare	လှိုင်းမူးခြင်း	hlain: mu: gjin:
epilessia (f)	ဝက်ရူးပြန့်ရောဂါ	we' ju: bjan jo: ga

epidemia (f)	ကပ်ရောဂါ	ka' jo ba
tifo (m)	တိုက်ဖွိုက်ရောဂါ	tai' hpai' jo: ba
tubercolosi (f)	တီဘီရောဂါ	ti bi jo: ba
colera (m)	ကာလဝမ်းရောဂါ	ka la. wan: jau ga
peste (f)	ကပ်ဆိုး	ka' hsou:

64. Sintomi. Cure. Parte 1

sintomo (m)	လက္ခဏာ	le' khana
temperatura (f)	အပူချိန်	apu gjein
febbre (f) alta	ကိုယ်အပူချိန်တက်	kou apu chain de'
polso (m)	သွေးခုန်နှုန်း	thwei: khoun hnan:

capogiro (m)	မူးနောက်ခြင်း	mu: nau' chin:
caldo (agg)	ပူသော	pu dho:
brivido (m)	တုန်ခြင်း	toun gjin:
pallido (un viso ~)	ဖြူရော်သော	hpju jo de.

tosse (f)	ချောင်းဆိုးခြင်း	gaun: zou: gjin:
tossire (vi)	ချောင်းဆိုးသည်	gaun: zou: de
starnutire (vi)	နှာချေသည်	hna gjei de
svenimento (m)	အားနည်းခြင်း	a: ne: gjin:
svenire (vi)	သတိလစ်သည်	dhadi. li' te

livido (m)	ပွန်းပဲ့ဒဏ်ရာ	pun: be. dan ja
bernoccolo (m)	ဆောင့်မိခြင်း	hsaun. mi. gjin:
farsi un livido	ဆောင့်မိသည်	hsaun. mi. de.
contusione (f)	ပွန်းပဲ့ဒဏ်ရာ	pun: be. dan ja
farsi male	ပွန်းပဲ့ဒဏ်ရာရသည်	pun: be. dan ja ja. de

zoppicare (vi)	ထော့နဲ့ထော့နဲ့လျှောက်သည်	hto. ne. hto. ne. shau' te
slogatura (f)	အဆစ်လွဲခြင်း	ahsi' lwe: gjin:
slogarsi (vr)	အဆစ်လွဲသည်	ahsi' lwe: de
frattura (f)	ကျိုးအက်ခြင်း	kjou: e' chin:
fratturarsi (vr)	ကျိုးအက်သည်	kjou: e' te
taglio (m)	ရှသည်	sha. de
tagliarsi (vr)	ရှမိသည်	sha. mi. de

emorragia (f)	သွေးထွက်ခြင်း	thwei: htwe' chin:
scottatura (f)	မီးလောင်သည့်ဒဏ်ရာ	mi: laun de. dan ja
scottarsi (vr)	မီးလောင်ဒဏ်ရာရသည်	mi: laun dan ja ja. de

pungere (vt)	ဖောက်သည်	hpau' te
pungersi (vr)	ကိုယ်တိုင်ဖောက်သည်	kou tain hpau' te
ferire (vt)	ထိခိုက်ဒဏ်ရာရသည်	hti. gai' dan ja ja. de
ferita (f)	ထိခိုက်ဒဏ်ရာ	hti. gai' dan ja
lesione (f)	ဒဏ်ရာ	dan ja
trauma (m)	စိတ်ဒဏ်ရာ	sei' dan ja

delirare (vi)	ကယောင်ကတမ်းဖြစ်သည်	kajaun ka dan: bi' te
tartagliare (vi)	တုံ့နေးတုံ့နေးဖြစ်သည်	toun. hnei: toun. hnei: bji' te
colpo (m) di sole	အပူလျပ်ခြင်း	apu hlja' chin

65. Sintomi. Cure. Parte 2

| dolore (m), male (m) | နာကျင်မှု | na gjin hmu. |
| scheggia (f) | ပဲ့ထွက်သောအစ | pe. dwe' tho: asa. |

sudore (m)	ချွေး	chwei:
sudare (vi)	ချွေးထွက်သည်	chwei: htwe' te
vomito (m)	အန်ခြင်း	an gjin:
convulsioni (f pl)	အကြောလိုက်ခြင်း	akjo: lai' chin:

incinta (agg)	ကိုယ်ဝန်ဆောင်ထားသော	kou wun hsaun da: de.
nascere (vi)	မွေးဖွားသည်	mwei: bwa: de
parto (m)	မီးဖွားခြင်း	mi: bwa: gjin:
essere in travaglio di parto	မီးဖွားသည်	mi: bwa: de
aborto (m)	ကိုယ်ဝန်ဖျက်ချခြင်း	kou wun hpje' cha chin:

respirazione (f)	အသက်ရှူခြင်း	athe' shu gjin:
inspirazione (f)	ဝင်လေ	win lei
espirazione (f)	ထွက်လေ	htwe' lei
espirare (vi)	အသက်ရှူထုတ်သည်	athe' shu dou' te
inspirare (vi)	အသက်ရှူသွင်းသည်	athe' shu dhwin: de

invalido (m)	ကိုယ်အင်္ဂါမသန် စွမ်းသူ	kou an ga ma. dhan swan: dhu
storpio (m)	မသန်မစွမ်းသူ	ma. dhan ma. zwan dhu
drogato (m)	ဆေးစွဲသူ	hsei: zwe: dhu

sordo (agg)	နားမကြားသော	na: ma. gja: de.
muto (agg)	ဆွံ့အသော	hsun. ade.
sordomuto (agg)	ဆွံ့အ နားမကြားသူ	hsun. ana: ma. gja: dhu

matto (agg)	စိတ်မနှံ့သော	sei' ma. hnan. de.
matto (m)	စိတ်မနှံ့သူ	sei' ma. hnan. dhu
matta (f)	စိတ်ဝေဒနာရှင် မိန်းကလေး	sei' wei da. na shin mein: ga. lei:
impazzire (vi)	ရူးသွပ်သည်	ju: dhu' de

| gene (m) | မျိုးရိုးဗီဇ | mjou: jou: bi za. |
| immunità (f) | ကိုယ်ခံအား | kou gan a: |

| ereditario (agg) | မျိုးရိုးလိုက်သော | mjou: jou: lou' te. |
| innato (agg) | မွေးရာပါဖြစ်သော | mwei: ja ba bji' te. |

virus (m)	ဗိုင်းရပ်ပိုးများ	bain: ja' pou: hmwa:
microbo (m)	အကာ၁ဇီဝရုပ်	anu zi wa. jou'
batterio (m)	ဗက်တီးရီးယားပိုး	be' ti: ji: ja: bou:
infezione (f)	ရောဂါကူးစက်မှု	jo ga gu: ze' hmu.

66. Sintomi. Cure. Parte 3

| ospedale (m) | ဆေးရုံ | hsei: joun |
| paziente (m) | လူနာ | lu na |

diagnosi (f)	ရောဂါစစ်ဆေးခြင်း	jo ga zi' hsei: gjin:
cura (f)	ဆေးကုထုံး	hsei: ku. doun:
trattamento (m)	ဆေးဝါးကုသမှု	hsei: wa: gu. dha. hmu.
curarsi (vr)	ဆေးကုသမှုခံယူသည်	hsei: ku. dha. hmu. dha de
curare (vt)	ပြုစုသည်	pju. zu. de
accudire (un malato)	ပြုစုစောင့်ရှောက်သည်	pju. zu. zaun. shau' te
assistenza (f)	ပြုစုစောင့်ရှောက်ခြင်း	pju. zu. zaun. shau' chin:

operazione (f)	ခွဲစိတ်ကုသခြင်း	khwe: zei' ku. dha. hin:
bendare (vt)	ပတ်တီးစည်းသည်	pa' ti: ze: de
fasciatura (f)	ပတ်တီးစည်းခြင်း	pa' ti: ze: gjin:

vaccinazione (f)	ကာကွယ်ဆေးထိုးခြင်း	ka gwe hsei: dou: gjin:
vaccinare (vt)	ကာကွယ်ဆေးထိုးသည်	ka gwe hsei: dou: de
iniezione (f)	ဆေးထိုးခြင်း	hsei: dou: gjin:
fare una puntura	ဆေးထိုးသည်	hsei: dou: de
attacco (m) (~ epilettico)	ရောဂါ ရုတ်တရက်ကျရောက်ခြင်း	jo ga jou' ta. je' kja. jau' chin:
amputazione (f)	ဖြတ်တောက်ကုသခြင်း	hpja' tau' ku. dha gjin:
amputare (vt)	ဖြတ်တောက်ကုသသည်	hpja' tau' ku. dha de
coma (m)	မေ့မြောခြင်း	mei. mjo: gjin:
essere in coma	မေ့မြောသည်	mei. mjo: de
rianimazione (f)	အစွမ်းကုန်ပြုစုခြင်း	aswan: boun bju. zu. bjin:

guarire (vi)	ရောဂါသက်သာလာသည်	jo ga dhe' tha la de
stato (f) (del paziente)	ကျန်းမာရေးအခြေအနေ	kjan: ma jei: achei a nei
conoscenza (f)	ပြန်လည်သတိရလာခြင်း	pjan le dhadi. ja. la. gjin:
memoria (f)	မှတ်ဉာဏ်	hma' njan

estrarre (~ un dente)	နုတ်သည်	hna' te
otturazione (f)	သွားပေါက်ဖာထေးမှု	thwa: bau' hpa dei: hmu.
otturare (vt)	ဖာသည်	hpa de

| ipnosi (f) | အိပ်မွေ့ချခြင်း | ei' mwei. gja. gjin: |
| ipnotizzare (vt) | အိပ်မွေ့ချသည် | ei' mwei. gja. de |

67. Medicinali. Farmaci. Accessori

| medicina (f) | ဆေးဝါး | hsei: wa: |
| rimedio (m) | ကုသခြင်း | ku. dha. gjin: |

prescrivere (vt)	ဆေးအညွှန်းပေးသည်	hsa: ahnjun: bwe: de
prescrizione (f)	ဆေးညွှန်း	hsei: hnjun:
compressa (f)	ဆေးပြား	hsei: bja:
unguento (m)	လိမ်းဆေး	lein: zei:
fiala (f)	လောလုံဖန်ပုလင်းငယ်	lei loun ban bu. lin: nge
pozione (f)	စပ်ဆေးရည်	sa' ei: je
sciroppo (m)	ဖျော်ရည်ဆီ	hpjo jei zi
pillola (f)	ဆေးတောင့်	hsei: daun.
polverina (f)	အမှုန့်	ahmoun.
benda (f)	ပတ်တီး	pa' ti:
ovatta (f)	ဂွမ်းလိပ်	gwan: lei'
iodio (m)	တင်ဂျာအိုင်ဒင်း	tin gja ein din:
cerotto (m)	ပလာစတာ	pa. la sata
contagocce (m)	မျက်စဉ်းဆတ်ကိရိယာ	mje' zin: ba' ki. ji. ja
termometro (m)	အပူချိန်တိုင်းကိရိယာ	apu gjein dain: gi. ji. ja
siringa (f)	ဆေးထိုးပြွတ်	hsei: dou: bju'
sedia (f) a rotelle	ဘီးတပ်ကုလားထိုင်	bi: da' ku. la: dain
stampelle (f pl)	ချိုင်းထောက်	chain: dau'
analgesico (m)	အကိုက်အခဲပျောက်ဆေး	akai' akhe: pjau' hsei:
lassativo (m)	ဝမ်းနုတ်ဆေး	wan: hnou' hsei:
alcol (m)	အရက်ပျံ	aje' pjan
erba (f) officinale	ဆေးဖက်ဝင်အပင်များ	hsei: hpa' win apin mja:
d'erbe (infuso ~)	ဆေးဖက်ဝင်အပင်	hsei: hpa' win apin
	နှင့်ထိုင်သော	hnin. zain de.

APPARTAMENTO

68. Appartamento

appartamento (m)	တိုက်ခန်း	tai' khan:
camera (f), stanza (f)	အခန်း	akhan:
camera (f) da letto	အိပ်ခန်း	ei' khan:
sala (f) da pranzo	ထမင်းစားခန်း	htamin: za: gan:
salotto (m)	ဧည့်ခန်း	e. gan:
studio (m)	အိမ်တွင်းရုံးခန်းလေး	ein dwin: joun: gan: lei:
ingresso (m)	ဝင်ပေါက်	win bau'
bagno (m)	ရေချိုးခန်း	jei gjou gan:
gabinetto (m)	အိမ်သာ	ein dha
soffitto (m)	မျက်နှာကျက်	mje' hna gje'
pavimento (m)	ကြမ်းပြင်	kan: pjin
angolo (m)	ထောင့်	htaun.

69. Arredamento. Interno

mobili (m pl)	ပရိဘောဂ	pa ri. bo: ga.
tavolo (m)	စားပွဲ	sa: bwe:
sedia (f)	ကုလားထိုင်	kala: dain
letto (m)	ကုတင်	ku din
divano (m)	ဆိုဖာ	hsou hpa
poltrona (f)	လက်တင်ပါသောကုလားထိုင်	le' tin ba dho: ku. la: dain
libreria (f)	စာအုပ်စင်	sa ou' sin
ripiano (m)	စင်	sin
armadio (m)	ဗီဒို	bi jou
attaccapanni (m) da parete	နံရံကပ်အဝတ်ချိတ်စင်	nan jan ga' awu' gei' zin
appendiabiti (m) da terra	အဝတ်ချိတ်စင်	awu' gjei' sin
comò (m)	အံဆွဲပါ မှန်တင်ခုံ	an. zwe: pa hman din khoun
tavolino (m) da salotto	စားပွဲပု	sa: bwe: bu.
specchio (m)	မှန်	hman
tappeto (m)	ကော်ဇော	ko zo:
tappetino (m)	ကော်ဇော	ko zo:
camino (m)	မီးလင်းဖို	mi: lin: bou
candela (f)	ဖယောင်းတိုင်	hpa. jaun dain
candeliere (m)	ဖယောင်းတိုင်စိုက်သောတိုင်	hpa. jaun dain zou' tho dain
tende (f pl)	ခန်းဆီးရည်	khan: zi: shei
carta (f) da parati	နံရံကပ်စက္ကူ	nan jan ga' se' ku

tende (f pl) alla veneziana	သင်းလိုဝ်	jin: lei'
lampada (f) da tavolo	စားပွဲတင်မီးအိမ်	sa: bwe: din mi: ein
lampada (f) da parete	နံရံကပ်မီး	nan jan ga' mi:
lampada (f) a stelo	မတ်တပ်မီးစင်လောင်း	ma' ta' mi: za. laun:
lampadario (m)	မီးပန်းဆိုင်း	mi: ban: zain:

gamba (f)	ခြေထောက်	chei htau'
bracciolo (m)	လက်တန်း	le' tan:
spalliera (f)	နောက်မှီ	nau' mi
cassetto (m)	အံဆွဲ	an. zwe:

70. Biancheria da letto

biancheria (f) da letto	အိပ်ရာခင်းများ	ei' ja khin: mja:
cuscino (m)	ခေါင်းအုံး	gaun: oun:
federa (f)	ခေါင်းအုပ်	gaun: zu'
coperta (f)	စောင်	saun
lenzuolo (m)	အိပ်ရာခင်း	ei' ja khin:
copriletto (m)	အိပ်ရာဖုံး	ei' ja hpoun:

71. Cucina

cucina (f)	မီးဖိုခန်း	mi: bou gan:
gas (m)	ဓာတ်ငွေ့	da' ngwei.
fornello (m) a gas	ဂတ်စ်မီးဖို	ga' s mi: bou
fornello (m) elettrico	လျှပ်စစ်မီးဖို	hlja' si' si: bou
forno (m)	မုန့်ဖုတ်ရန်ဖို	moun. bou' jan bou
forno (m) a microonde	မိုက်ခရိုဝေ့ဗ်	mou' kha. jou wei. b

frigorifero (m)	ရေခဲသေတ္တာ	je ge: dhi' ta
congelatore (m)	ရေခဲခန်း	jei ge: gan:
lavastoviglie (f)	ပန်းကန်ဆေးစက်	bagan: zei: ze'

tritacarne (m)	အသားကြိတ်စက်	atha: kjei' za'
spremifrutta (m)	အသီးဖျော်စက်	athi: hpjo ze'
tostapane (m)	ပေါင်မုန့်ကင်စက်	paun moun. gin ze'
mixer (m)	မွှေစက်	hmwei ze'

macchina (f) da caffè	ကော်ဖီဖျော်စက်	ko hpi hpjo ze'
caffettiera (f)	ကော်ဖီအိုး	ko hpi ou:
macinacaffè (m)	ကော်ဖီကြိတ်စက်	ko hpi kjei ze'

bollitore (m)	ရေနွေးကရားအိုး	jei nwei: gaja: ou:
teiera (f)	လက်ဘက်ရည်အိုး	le' be' ji ou:
coperchio (m)	အိုးအဖုံး	ou: ahpoun:
colino (m) da tè	လက်ဖက်ရည်စစ်	le' hpe' ji zi'

cucchiaio (m)	ဇွန်း	zun:
cucchiaino (m) da tè	လက်ဖက်ရည်ဇွန်း	le' hpe' ji zwan:
cucchiaio (m)	အရှည်သောက်ဇွန်း	aja: dhau' zun:
forchetta (f)	ခက်ရင်း	khajin:
coltello (m)	ဓား	da:

stoviglie (f pl)	အိုးခွက်ပန်းကန်	ou: kwe' pan: gan
piatto (m)	ပန်းကန်ပြား	bagan: bja:
piattino (m)	အောက်ခံပန်းကန်ပြား	au' khan ban: kan pja:

cicchetto (m)	ဖန်ခွက်	hpan gwe'
bicchiere (m) (~ d'acqua)	ဖန်ခွက်	hpan gwe'
tazzina (f)	ခွက်	khwe'

zuccheriera (f)	သကြားခွက်	dhagja: khwe'
saliera (f)	ဆားဘူး	hsa: bu:
pepiera (f)	ငရုတ်ကောင်းဘူး	njou' kaun: bu:
burriera (f)	ထောပတ်ခွက်	hto: ba' khwe'

pentola (f)	ပေါင်းအိုး	paun: ou:
padella (f)	ဟင်းကြော်အိုး	hin: gjo ou:
mestolo (m)	ဟင်းခပ်ဇွန်း	hin: ga' zun
colapasta (m)	ဆန်ခါ	zaga
vassoio (m)	လင်ပန်း	lin ban:

bottiglia (f)	ပုလင်း	palin:
barattolo (m) di vetro	ဖန်ဘူး	hpan bu:
latta, lattina (f)	သံဘူး	than bu:

apribottiglie (m)	ပုလင်းဖောက်တံ	pu. lin: bau' tan
apriscatole (m)	သံဘူးဖောက်တံ	than bu: bau' tan
cavatappi (m)	ဝက်အူဖောက်တံ	we' u bau' dan
filtro (m)	ရေစစ်	jei zi'
filtrare (vt)	စစ်သည်	si' te

| spazzatura (f) | အမှိုက် | ahmai' |
| pattumiera (f) | အမှိုက်ပုံး | ahmai' poun: |

72. Bagno

bagno (m)	ရေချိုးခန်း	jei gjou gan:
acqua (f)	ရေ	jei
rubinetto (m)	ရေပိုက်ခေါင်း	jei bai' khaun:
acqua (f) calda	ရေပူ	jei bu
acqua (f) fredda	ရေအေး	jei ei:

dentifricio (m)	သွားတိုက်ဆေး	thwa: tai' hsei:
lavarsi i denti	သွားတိုက်သည်	thwa: tai' te
spazzolino (m) da denti	သွားတိုက်တံ	thwa: tai' tan

rasarsi (vr)	ရိတ်သည်	jei' te
schiuma (f) da barba	မုတ်ဆိတ်ရိတ်သုံး ဆပ်ပြာမြှုပ်	mou' hsei' jei' thoun: za' pja hmjou'
rasoio (m)	သင်တုန်းဓား	thin toun: da:

lavare (vt)	ဆေးသည်	hsei: de
fare un bagno	ရေချိုးသည်	jei gjou: de
doccia (f)	ရေပန်း	jei ban:
fare una doccia	ရေချိုးသည်	jei gjou: de
vasca (f) da bagno	ရေချိုးကန်	jei gjou: gan

water (m)	အိမ်သာ	ein dha
lavandino (m)	လက်ဆေးကန်	le' hsei: kan
sapone (m)	ဆပ်ပြာ	hsa' pja
porta (m) sapone	ဆပ်ပြာခွက်	hsa' pja gwe'
spugna (f)	ရေမြှုပ်	jei hmjou'
shampoo (m)	ခေါင်းလျှော်ရည်	gaun: sho je
asciugamano (m)	တဘက်	tabe'
accappatoio (m)	ရေချိုးခန်းဝတ်စုံ	jei gjou: gan: wu' soun
bucato (m)	အဝတ်လျှော်ခြင်း	awu' sho gjin
lavatrice (f)	အဝတ်လျှော်စက်	awu' sho ze'
fare il bucato	ဒိုဘီလျှော်သည်	dou bi jo de
detersivo (m) per il bucato	အဝတ်လျှော်ဆပ်ပြာမှုန့်	awu' sho hsa' pja hmun.

73. Elettrodomestici

televisore (m)	ရုပ်မြင်သံကြားစက်	jou' mjin dhan gja: ze'
registratore (m) a nastro	အသံသွင်းစက်	athan dhwin: za'
videoregistratore (m)	ဗီဒီယိုပြစက်	bi di jou bja. ze'
radio (f)	ရေဒီယို	rei di jou
lettore (m)	ပလေယာစက်	pa. lei ja ze'
videoproiettore (m)	ဗီဒီယိုပရိုဂျက်တာ	bi di jou pa. jou gje' da
home cinema (m)	အိမ်တွင်းရုပ်ရှင်ခန်း	ein dwin: jou' shin gan:
lettore (m) DVD	ဒီဗီဒီပလေယာ	di bi di ba lei ja
amplificatore (m)	အသံချဲ့စက်	athan che. zek
console (f) video giochi	ဂိမ်းခလုတ်	gein: kha lou'
videocamera (f)	ဗွီဒီယိုကင်မရာ	bwi di jou kin ma. ja
macchina (f) fotografica	ကင်မရာ	kin ma. ja
fotocamera (f) digitale	ဒီဂျစ်တယ်ကင်မရာ	digji' te gin ma. ja
aspirapolvere (m)	ဖုန်စုပ်စက်	hpoun zou' se'
ferro (m) da stiro	မီးပူ	mi: bu
asse (f) da stiro	မီးပူတိုက်ရန်စင်	mi: bu tai' jan zin
telefono (m)	တယ်လီဖုန်း	te li hpoun:
telefonino (m)	မိုဘိုင်းဖုန်း	mou bain: hpoun:
macchina (f) da scrivere	လက်နှိပ်စက်	le' hnei' se'
macchina (f) da cucire	အပ်ချုပ်စက်	a' chou' se'
microfono (m)	စကားပြောခွက်	zaga: bjo: gwe'
cuffia (f)	နားကြပ်	na: kja'
telecomando (m)	အဝေးထိန်းကိရိယာ	awei: htin: ki. ja. ja
CD (m)	စီဒီပြား	si di bja:
cassetta (f)	တိပ်ခွေ	tei' khwei
disco (m) (vinile)	ရှေးခေတ်သုံးဓာတ်ပြား	shei: gi' thoun da' pja:

LA TERRA. TEMPO

74. L'Universo

cosmo (m)	အာကာသ	akatha.
cosmico, spaziale (agg)	အာကာသနှင့်ဆိုင်သော	akatha. hnin zain dho:
spazio (m) cosmico	အာကာသဟင်းလင်းပြင်	akatha. hin: lin: bjin
mondo (m)	ကမ္ဘာ	ga ba
universo (m)	စကြဝဠာ	sa kja wa. la
galassia (f)	ကြယ်စုတန်း	kje zu. dan:
stella (f)	ကြယ်	kje
costellazione (f)	ကြယ်နက္ခတ်စု	kje ne' kha' zu.
pianeta (m)	ဂြိုဟ်	gjou
satellite (m)	ဂြိုဟ်ငယ်	gjou nge
meteorite (m)	ဥက္ကာခဲ	ou' ka ge:
cometa (f)	ကြယ်တံခွန်	kje dagun
asteroide (m)	ဂြိုဟ်သိမ်ငယ်ဂြိုဟ်များ	gjou dhein gjou hmwa:
orbita (f)	ပတ်လမ်း	pa' lan:
ruotare (vi)	လည်သည်	le de
atmosfera (f)	လေထု	lei du.
il Sole	နေ	nei
sistema (m) solare	နေစကြဝဠာ	nei ze kja. wala
eclisse (f) solare	နေကြတ်ခြင်း	nei gja' chin:
la Terra	ကမ္ဘာလုံး	ga ba loun:
la Luna	လ	la.
Marte (m)	အင်္ဂါဂြိုဟ်	in ga gjou
Venere (f)	သောကြာဂြိုဟ်	thau' kja gjou'
Giove (m)	ကြာသပတေးဂြိုဟ်	kja dha ba. dei: gjou'
Saturno (m)	စနေဂြိုဟ်	sanei gjou'
Mercurio (m)	ဗုဒ္ဓဟူးဂြိုဟ်	bou' da. gjou'
Urano (m)	ယူရေးနတ်ဂြိုဟ်	ju rei: na' gjou
Nettuno (m)	နက်ပကျူန်ဂြိုဟ်	ne' pa. gjun: gjou
Plutone (m)	ပလူတိုဂြိုဟ်	pa lu tou gjou '
Via (f) Lattea	နဂါးငွေ့ကြယ်စုတန်း	na. ga: ngwe. gje zu dan:
Orsa (f) Maggiore	မြောက်ပိုင်းဝက်တိုးဘဲကြယ်စု	mjau' pain: gajei' be:j gje zu.
Stella (f) Polare	ဥဝိကြယ်	du wan gje
marziano (m)	အင်္ဂါဂြိုဟ်သား	in ga gjou dha:
extraterrestre (m)	အခြားကမ္ဘာဂြိုဟ်သား	apja: ga ba gjou dha
alieno (m)	ဂြိုဟ်သား	gjou dha:

disco (m) volante	ပန်းကန်ပြားပျံ	bagan: bja: bjan
nave (f) spaziale	အာကာသယာဉ်	akatha. jin
stazione (f) spaziale	အာကာသစခန်း	akatha. za khan:
lancio (m)	လွှတ်တင်ခြင်း	hlu' tin gjin:

motore (m)	အင်ဂျင်	in gjin
ugello (m)	နော်ဇယ်	no ze
combustibile (m)	လောင်စာ	laun za

| cabina (f) di pilotaggio | လေယာဉ်မောင်းအခန်း | lei jan maun akhan: |
| antenna (f) | အင်တန်နာတိုင် | in tan na tain |

oblò (m)	ပြတင်း	badin:
batteria (f) solare	နေရောင်ခြည်သုံးဘက်ထရီ	nei jaun gje dhoun: ba' hta ji
scafandro (m)	အာကာသဝတ်စုံ	akatha. wu' soun

| imponderabilità (f) | အလေးချိန်ကင်းမဲ့ခြင်း | alei: gjein gin: me. gjin: |
| ossigeno (m) | အောက်ဆီဂျင် | au' hsi gjin |

| aggancio (m) | အာကာသထဲရှိတ်ဆက်ခြင်း | akatha. hte: chei' hse' chin: |
| agganciarsi (vr) | အာကာသထဲရှိတ်ဆက်သည် | akatha. hte: chei' hse' te |

| osservatorio (m) | နက္ခတ်မျှော်စင် | ne' kha' ta. mjo zin |
| telescopio (m) | အဝေးကြည့်မှန်ပြောင်း | awei: gji. hman bjaun: |

| osservare (vt) | လေ့လာကြည့်ရှုသည် | lei. la kji. hju. de |
| esplorare (vt) | သုတေသနပြုသည် | thu. tei thana bjou de |

75. La Terra

la Terra	ကမ္ဘာမြေကြီး	ga ba mjei kji:
globo (m) terrestre	ကမ္ဘာလုံး	ga ba loun:
pianeta (m)	ဂြိုဟ်	gjou

atmosfera (f)	လေထု	lei du.
geografia (f)	ပထဝီဝင်	pahtawi win
natura (f)	သဘာဝ	tha. bawa

mappamondo (m)	ကမ္ဘာလုံး	ga ba loun:
carta (f) geografica	မြေပုံ	mjei boun
atlante (m)	မြေပုံစာအုပ်	mjei boun za ou'

| Europa (f) | ဥရောပ | u. jo: pa |
| Asia (f) | အာရှ | a sha. |

| Africa (f) | အာဖရိက | apha. ri. ka. |
| Australia (f) | သြစတေးလျ | thja za djei: lja |

America (f)	အမေရိက	amei ji ka
America (f) del Nord	မြောက်အမေရိက	mjau' amei ri. ka.
America (f) del Sud	တောင်အမေရိက	taun amei ri. ka.

| Antartide (f) | အန္တာတိတ် | anta di' |
| Artico (m) | အာတိတ် | a tei' |

76. Punti cardinali

nord (m)	မြောက်အရပ်	mjau' aja'
a nord	မြောက်ဘက်သို့	mjau' be' thou.
al nord	မြောက်ဘက်မှာ	mjau' be' hma
del nord (agg)	မြောက်အရပ်နှင့်ဆိုင်သော	mjau' aja' hnin. zain de.
sud (m)	တောင်အရပ်	taun aja'
a sud	တောင်ဘက်သို့	taun be' thou.
al sud	တောင်ဘက်မှာ	taun be' hma
del sud (agg)	တောင်အရပ်နှင့်ဆိုင်သော	taun aja' hnin. zain de.
ovest (m)	အနောက်အရပ်	anau' aja'
a ovest	အနောက်ဘက်သို့	anau' be' thou.
all'ovest	အနောက်ဘက်မှာ	anau' be' hma
dell'ovest, occidentale	အနောက်အရပ်နှင့်ဆိုင်သော	anau' aja' hnin. zain dho:
est (m)	အရှေ့အရပ်	ashei. aja'
a est	အရှေ့ဘက်သို့	ashei. be' hma
all'est	အရှေ့ဘက်မှာ	ashei. be' hma
dell'est, orientale	အရှေ့အရပ်နှင့်ဆိုင်သော	ashei. aja' hnin. zain de.

77. Mare. Oceano

mare (m)	ပင်လယ်	pin le
oceano (m)	သမုဒ္ဒရာ	thamou' daja
golfo (m)	ပင်လယ်ကွေ့	pin le gwe.
stretto (m)	ရေလက်ကြား	jei le' kja:
terra (f) (terra firma)	ကုန်းမြေ	koun: mei
continente (m)	တိုက်	tai'
isola (f)	ကျွန်း	kjun:
penisola (f)	ကျွန်းဆွယ်	kjun: zwe
arcipelago (m)	ကျွန်းစု	kjun: zu.
baia (f)	အော်	o
porto (m)	သင်္ဘောဆိပ်ကမ်း	thin: bo: zei' kan:
laguna (f)	ပင်လယ်တုံးအိုင်	pin le doun: ain
capo (m)	အငူ	angu
atollo (m)	သန္တာကျောက်တန်းကျွန်းငယ်	than da gjau' tan: gjun: nge
scogliera (f)	ကျောက်တန်း	kjau' tan:
corallo (m)	သန္တာကောင်	than da gaun
barriera (f) corallina	သန္တာကျောက်တန်း	than da gjau' tan:
profondo (agg)	နက်သော	ne' te.
profondità (f)	အနက်	ane'
abisso (m)	ချောက်နက်ကြီး	chau' ne' kji:
fossa (f) (~ delle Marianne)	မြောင်း	mjaun:
corrente (f)	စီးကြောင်း	si: gaun:
circondare (vt)	ဝိုင်းသည်	wain: de

litorale (m)	ကမ်းစပ်	kan: za'
costa (f)	ကမ်းခြေ	kan: gjei

alta marea (f)	ရေတက်	jei de'
bassa marea (f)	ရေကျ	jei gja.
banco (m) di sabbia	သောင်စွယ်	thaun zwe
fondo (m)	ကျမ်းပြင်	kan: pjin

onda (f)	လှိုင်း	hlain:
cresta (f) dell'onda	လှိုင်းခေါင်းဗျူ	hlain: gaun: bju.
schiuma (f)	အမြှုပ်	a hmjou'

tempesta (f)	မုန်တိုင်း	moun dain:
uragano (m)	ဟာရီကိန်းမုန်တိုင်း	ha ji gain: moun dain:
tsunami (m)	ဆူနာမိ	hsu na mi
bonaccia (f)	ရေဒွေ	jei dhei
tranquillo (agg)	ငြိမ်သက်အေးဆေးသော	njein dhe' ei: zei: de.

polo (m)	ဝင်ရိုးစွန်း	win jou: zun
polare (agg)	ဝင်ရိုးစွန်နှင့်ဆိုင်သော	win jou: zun hnin. zain de.

latitudine (f)	လတ္တီတွဒ်	la' ti. tu'
longitudine (f)	လောင်ဂျီတွဒ်	laun gji twa'
parallelo (m)	လတ္တီတွဒ်မျဉ်း	la' ti. tu' mjin:
equatore (m)	အီကွေတာ	i kwei: da

cielo (m)	ကောင်းကင်	kaun: gin
orizzonte (m)	မိုးကုပ်စက်ဝိုင်း	mou kou' se' wain:
aria (f)	လေထု	lei du.

faro (m)	မီးပြတိုက်	mi: bja dai'
tuffarsi (vr)	ရေငုပ်သည်	jei ngou' te
affondare (andare a fondo)	ရေမြုပ်သည်	jei mjou' te
tesori (m)	ရတနာ	jadana

78. Nomi dei mari e degli oceani

Oceano (m) Atlantico	အတ္တလန္တိတ် သမုဒ္ဒရာ	a' ta. lan ti' thamou' daja
Oceano (m) Indiano	အိန္ဒိယ သမုဒ္ဒရာ	indi. ja thamou. daja
Oceano (m) Pacifico	ပစိဖိတ် သမုဒ္ဒရာ	pa. si. hpi' thamou' daja
mar (m) Glaciale Artico	အာတိတ် သမုဒ္ဒရာ	a tei' thamou' daja

mar (m) Nero	ပင်လယ်နက်	pin le ne'
mar (m) Rosso	ပင်လယ်နီ	pin le ni
mar (m) Giallo	ပင်လယ်ဝါ	pin le wa
mar (m) Bianco	ပင်လယ်ဗျူ	pin le bju

mar (m) Caspio	ကက်စပီယန် ပင်လယ်	ke' za. pi jan pin le
mar (m) Morto	ပင်လယ်သေ	pin le dhe:
mar (m) Mediterraneo	မြေထဲပင်လယ်	mjei hte: bin le

mar (m) Egeo	အေဂျီယန်းပင်လယ်	ei gi jan: bin le
mar (m) Adriatico	အဒရီရာတစ်ပင်လယ်	a da yi ya ti' pin le
mar (m) Arabico	အာရေဗီးယန်း ပင်လယ်	a ra bi: an: bin le

mar (m) del Giappone	ဂျပန် ပင်လယ်	gja pan pin le
mare (m) di Bering	ဘယ်ရင်း ပင်လယ်	be jin: bin le
mar (m) Cinese meridionale	တောင်တရုတ်ပင်လယ်	taun dajou' pinle
mar (m) dei Coralli	ကော်ရယ်လ်ပင်လယ်	ko je l pin le
mar (m) di Tasman	တက်စမန်းပင်လယ်	te' sa. man: bin le
mar (m) dei Caraibi	ကာရေးဘီးယန်းပင်လယ်	ka rei: bi: jan: bin le
mare (m) di Barents	ဘာရန့်စ် ပင်လယ်	ba jan's bin le
mare (m) di Kara	ကာရာ ပင်လယ်	kara bin le
mare (m) del Nord	မြောက်ပင်လယ်	mjau' pin le
mar (m) Baltico	ဘောလ်တစ်ပင်လယ်	bo' l ti' pin le
mare (m) di Norvegia	နော်ဝေးဂျီယန်း ပင်လယ်	no wei: bin le

79. Montagne

monte (m), montagna (f)	တောင်	taun
catena (f) montuosa	တောင်တန်း	taun dan:
crinale (m)	တောင်ကြော	taun gjo:
cima (f)	ထိပ်	htei'
picco (m)	တောင်ထွတ်	taun htu'
piedi (m pl)	တောင်ခြေ	taun gjei
pendio (m)	တောင်စောင်း	taun zaun:
vulcano (m)	မီးတောင်	mi: daun
vulcano (m) attivo	မီးတောင်ရှင်	mi: daun shin
vulcano (m) inattivo	မီးငြိမ်းတောင်	mi: njein: daun
eruzione (f)	မီးတောင်ပေါက်ကွဲခြင်း	mi: daun pau' kwe: gjin:
cratere (m)	မီးတောင်ဝ	mi: daun wa.
magma (m)	ကျောက်ရည်ပူ	kjau' ji bu
lava (f)	ချော်ရည်	cho ji
fuso (lava ~a)	အရမ်းပူသော	ajam: bu de.
canyon (m)	တောင်ကြားချိုင့်ဝှမ်းနက်	taun gja: gjain. hwan: ne'
gola (f)	တောင်ကြား	taun gja:
crepaccio (m)	အက်ကွဲကြောင်း	e' kwe: gjaun:
precipizio (m)	ချောက်ကမ်းပါး	chau' kan: ba:
passo (m), valico (m)	တောင်ကြားလမ်း	taun gja: lan:
altopiano (m)	ကုန်းပြင်မြင့်	koun: bjin mjin:
falesia (f)	ကျောက်ဆောင်	kjau' hsain
collina (f)	တောင်ကုန်း	taun goun:
ghiacciaio (m)	ရေခဲမြစ်	jei ge: mji'
cascata (f)	ရေတံခွန်	jei dan khun
geyser (m)	ရေပူစမ်း	jei bu zan:
lago (m)	ရေကန်	jei gan
pianura (f)	မြေပြန့်	mjei bjan:
paesaggio (m)	ရှုခင်း	shu. gin:
eco (f)	ပဲ့တင်သံ	pe. din than

alpinista (m)	တောင်တက်သမား	taun de' thama:
scalatore (m)	ကျောက်တောင်တက်သမား	kjau' taun de dha ma:
conquistare (~ una cima)	အောင်နိုင်သ	aun nain dhu
scalata (f)	တောင်တက်ခြင်း	taun de' chin:

80. Nomi delle montagne

Alpi (f pl)	အဲလ်ပ်တောင်	e.lp daun
Monte (m) Bianco	မောင့်ဘလန့်စ်တောင်	maun. ba. lan. s taun
Pirenei (m pl)	ပီရှန်းနီးစ်တောင်	pi jan: ni:s taun

Carpazi (m pl)	ကာပဩိယန်စ်တောင်	ka pa. dhi jan s taun
gli Urali (m pl)	ယူရယ်တောင်တန်း	ju re daun dan:
Caucaso (m)	ကောကေးဆပ်တောင်တန်း	ko: kei: zi' taun dan:
Monte (m) Elbrus	အယ်ဘရုတ်စ်တောင်	e ba. ja's daun

Monti (m pl) Altai	အယ်လတိုင်တောင်	e la. tain daun
Tien Shan (m)	တိုင်ယန်ရှန်းတောင်	tain jan shin: daun
Pamir (m)	ပါမီယာတောင်တန်း	pa mi ja daun dan:
Himalaia (m)	ဟိမဝန္တာတောင်တန်း	hi. ma. wan da daun dan:
Everest (m)	ဝေရတ်တောင်	ei wa. ja' taun

| Ande (f pl) | အန်းဒီတောင်တန်း | an: di daun dan: |
| Kilimangiaro (m) | ကီလီမန်ဂျာဝိုတောင် | ki li man gja gou daun |

81. Fiumi

fiume (m)	မြစ်	mji'
fonte (f) (sorgente)	စမ်း	san:
letto (m) (~ del fiume)	ရေကြောင်းကြောင်း	jei gjo: zi: gjaun:
bacino (m)	မြစ်ချိုင့်ဝှမ်း	mji' chain. hwan:
sfociare nel ...	စီးဝင်သည်	si: win de

| affluente (m) | မြစ်လက်တက် | mji' le' te' |
| riva (f) | ကမ်း | kan: |

corrente (f)	စီးကြောင်း	si: gaun:
a valle	ရေရှ	jei zoun
a monte	ရေဆန်	jei zan

inondazione (f)	ရေကြီးမှု	jei gji: hmu.
piena (f)	ရေလျှံခြင်း	jei shan gjin:
straripare (vi)	လျှံသည်	shan de
inondare (vt)	ရေလွှမ်းသည်	jei hlwan: de

| secca (f) | ရေတိမ်ပိုင်း | jei dein bain: |
| rapida (f) | ရေအောက်ကျောက်တောင် | jei au' kjau' hsaun |

diga (f)	ဆည်	hse
canale (m)	တူးမြောင်း	tu: mjaun:
bacino (m) di riserva	ရေလှောင်ကန်	jei hlaun gan
chiusa (f)	ရေလွှေပေါက်	jei hlwe: bau'

specchio (m) d'acqua	ရေထု	jei du.
palude (f)	ရွှံ့ညွန်	shwan njun
pantano (m)	စိမ့်မြေ	sein. mjei
vortice (m)	ရေဝဲ	jei we:
ruscello (m)	ချောင်းကလေး	chaun: galei:
potabile (agg)	သောက်ရေ	thau' jei
dolce (di acqua ~)	ရေချို	jei gjou
ghiaccio (m)	ရေခဲ	jei ge:
ghiacciarsi (vr)	ရေခဲသည်	jei ge: de

82. Nomi dei fiumi

Senna (f)	စိန်မြစ်	sein mji'
Loira (f)	လော်ရီမြစ်	lo ji mji'
Tamigi (m)	သိမ်းမြစ်	thain: mji'
Reno (m)	ရိုင်းမြစ်	rain: mji'
Danubio (m)	ဒင်နယုမြစ်	din na. ju mji'
Volga (m)	ဗော်လဂါမြစ်	bo la. ga mja'
Don (m)	ဒွန်မြစ်	dun mja'
Lena (f)	လီနာမြစ်	li na mji'
Fiume (m) Giallo	မြစ်ဝါ	mji' wa
Fiume (m) Azzurro	ရမ်ဇီးမြစ်	jan zi: mji'
Mekong (m)	မဲခေါင်မြစ်	me: gaun mji'
Gange (m)	ဂင်္ဂါမြစ်	gan ga. mji'
Nilo (m)	နိုင်းမြစ်	nain: mji'
Congo (m)	ကွန်ဂိုမြစ်	kun gou mji'
Okavango	အိုကာဗန်ဂိုမြစ်	ai' hou ban
Zambesi (m)	ဇမ်ဘီဇီးမြစ်	zan bi zi: mji'
Limpopo (m)	လင်ပိုပိုမြစ်	lin po pou mji'
Mississippi (m)	မစ်စစ္စပီမြစ်	mi' si. si. pi. mji'

83. Foresta

foresta (f)	သစ်တော	thi' to:
forestale (agg)	သစ်တောနှင့်ဆိုင်သော	thi' to: hnin. zain de.
foresta (f) fitta	ထူထပ်သောတော	htu da' te. do:
boschetto (m)	သစ်ပင်အုပ်	thi' pin ou'
radura (f)	တောတွင်းလဟာပြင်	to: dwin: la. ha bjin
roveto (m)	ချုံပိတ်ပေါင်း	choun bei' paun:
boscaglia (f)	ချုံထနောင်းတော	choun hta naun: de.
sentiero (m)	လူသွားလမ်းကလေး	lu dhwa: lan: ga. lei:
calanco (m)	လျှို	shou
albero (m)	သစ်ပင်	thi' pin

| foglia (f) | သစ်ရွက် | thi' jwe' |
| fogliame (m) | သစ်ရွက်များ | thi' jwe' mja: |

caduta (f) delle foglie	သစ်ရွက်ကြွခြင်း	thi' jwe' kjwei gjin:
cadere (vi)	သစ်ရွက်ကြွသည်	thi' jwe' kjwei de
cima (f)	အ‌ဖျား	ahpja:

ramo (m), ramoscello (m)	အကိုင်းခွဲ	akain: khwe:
ramo (m)	ပင်မကိုင်း	pin ma. gain:
gemma (f)	အဖူး	ahpu:
ago (m)	အပင်နှင့်တူသောအရွက်	a' hnin. bu de. ajwe'
pigna (f)	ထင်းရှူးသီး	htin: shu: dhi:

cavità (f)	အခေါင်းပေါက်	akhaun: bau'
nido (m)	ငှက်သိုက်	hnge' thai'
tana (f) (del fox, ecc.)	မြေတွင်း	mjei dwin:

tronco (m)	ပင်စည်	pin ze
radice (f)	အမြစ်	amji'
corteccia (f)	သစ်ခေါက်	thi' khau'
musco (m)	‌ရေညှိ	jei hnji.

sradicare (vt)	အမြစ်မှဆွဲနုတ်သည်	amji' hma zwe: hna' te
abbattere (~ un albero)	ခုတ်သည်	khou' te
disboscare (vt)	တောပြုန်းစေသည်	to: bjoun: zei de
ceppo (m)	သစ်ငုတ်တို	thi' ngou' tou

falò (m)	မီးပုံ	mi: boun
incendio (m) boschivo	မီးလောင်ခြင်း	mi: laun gjin:
spegnere (vt)	မီးသတ်သည်	mi: tha' de

guardia (f) forestale	တောခေါင်း	to: gaun:
protezione (f)	သစ်တောဝန်ထမ်း	thi' to: wun dan:
proteggere (~ la natura)	ထိန်းသိမ်းစောင့်ရှောက်သည်	htein: dhein: zaun. shau' te
bracconiere (m)	‌မှိုးယူသူ	khou: ju dhu
tagliola (f) (~ per orsi)	သံမဏိထောင်ချောက်	than mani. daun gjau'

raccogliere (~ i funghi)	ဆွတ်သည်	hsu' te
cogliere (~ le fragole)	ခူးသည်	khu: de
perdersi (vr)	လမ်းပျောက်သည်	lan: bjau' de

84. Risorse naturali

risorse (f pl) naturali	သယံဇာတ	thajan za da.
minerali (m pl)	တွင်းထွက်ပစ္စည်း	twin: htwe' pji' si:
deposito (m) (~ di carbone)	နံ့	noun:
giacimento (m) (~ petrolifero)	ဓာတ်သတ္တုထွက်ရာမြေ	da' tha' tu dwe' ja mjei

estrarre (vt)	တူးဖော်သည်	tu: hpo de
estrazione (f)	တူးဖော်ခြင်း	tu: hpo gjin:
minerale (m) grezzo	သတ္တုရိုင်း	tha' tu. jain:
miniera (f)	သတ္တုတွင်း	tha' tu. dwin:
pozzo (m) di miniera	မိုင်းတွင်း	main: dwin:
minatore (m)	သတ္တုတွင်း အလုပ်သမား	tha' tu. dwin: alou' thama:

gas (m)	ဓာတ်ငွေ့	da' ngwei.
gasdotto (m)	ဓါတ်ငွေ့ပိုက်လိုင်း	da' ngwei. bou' lain:
petrolio (m)	ရေနံ	jei nan
oleodotto (m)	ရေနံပိုက်လိုင်း	jei nan bou' lain:
torre (f) di estrazione	ရေနံတွင်း	jei nan dwin:
torre (f) di trivellazione	ရေနံစင်	jei nan zin
petroliera (f)	လောင်စာတင်သင်္ဘော	laun za din dhin bo:
sabbia (f)	သဲ	the:
calcare (m)	ထုံးကျောက်	htoun: gjau'
ghiaia (f)	ကျောက်စရစ်	kjau' sa. ji'
torba (f)	မြေဆွေးခဲ	mjei zwei: ge:
argilla (f)	မြေစေး	mjei zei:
carbone (m)	ကျောက်မီးသွေး	kjau' mi dhwei:
ferro (m)	သံ	than
oro (m)	ရွှေ	shwei
argento (m)	ငွေ	ngwei
nichel (m)	နီကယ်	ni ke
rame (m)	ကြေးနီ	kjei: ni
zinco (m)	သွပ်	thu'
manganese (m)	မဂ္ဂနီးစ်	ma' ga. ni:s
mercurio (m)	ပြဒါး	bada:
piombo (m)	ခဲ	khe:
minerale (m)	သတ္တုဆား	tha' tu. za:
cristallo (m)	သလင်းကျောက်	thalin: gjau'
marmo (m)	စကျင်ကျောက်	zagjin kjau'
uranio (m)	ယူရေနီယမ်	ju rei ni jan

85. Tempo

tempo (m)	ရာသီဥတု	ja dhi nja. tu.
previsione (f) del tempo	မိုးလေဝသခန့်မှန်းချက်	mou: lei wa. dha. gan. hman: gje'
temperatura (f)	အပူချိန်	apu gjein
termometro (m)	သာမိုမီတာ	tha mou mi ta
barometro (m)	လေဖိအားတိုင်းကိရိယာ	lei bi. a: dain: gi. ji. ja
umido (agg)	စိုထိုင်းသော	sou htain: de
umidità (f)	စိုထိုင်းမှု	sou htain: hmu.
caldo (m), afa (f)	အပူရှိန်	apu shein
molto caldo (agg)	ပူလောင်သော	pu laun de.
fa molto caldo	ပူလောင်ခြင်း	pu laun gjin:
fa caldo	နွေးခြင်း	nwei: chin:
caldo, mite (agg)	နွေးသော	nwei: de.
fa freddo	အေးခြင်း	ei: gjin:
freddo (agg)	အေးသော	ei: de.
sole (m)	နေ	nei

splendere (vi)	သာသည်	tha de
di sole (una giornata ~)	နေသာသော	nei dha de.
sorgere, levarsi (vr)	နေထွက်သည်	nei dwe' te
tramontare (vi)	နေဝင်သည်	nei win de

nuvola (f)	တိမ်	tein
nuvoloso (agg)	တိမ်ထူသော	tein du de
nube (f) di pioggia	မိုးတိမ်	mou: dain
nuvoloso (agg)	ညို့ မိုင်းသော	njou. hmain: de.

pioggia (f)	မိုး	mou:
piove	မိုးရွာသည်	mou: jwa de.
piovoso (agg)	မိုးရွာသော	mou: jwa de.
piovigginare (vi)	မိုးဖွဲဖွဲရွာသည်	mou: bwe: bwe: jwa de

pioggia (f) torrenziale	သည်းထန်စွာရွာသောမိုး	thi: dan zwa jwa dho: mou:
acquazzone (m)	မိုးပုဆိုန်	mou: bu. zain
forte (una ~ pioggia)	မိုးသည်းသော	mou: de: de.
pozzanghera (f)	ရေအိုင်	jei ain
bagnarsi (~ sotto la pioggia)	မိုးမိသည်	mou: mi de

foschia (f), nebbia (f)	မြူ	mju
nebbioso (agg)	မြူထူထပ်သော	mju htu hta' te.
neve (f)	နှင်း	hnin:
nevica	နှင်းကျသည်	hnin: gja. de

86. Rigide condizioni metereologiche. Disastri naturali

temporale (m)	မိုးသက်မုန်တိုင်း	mou: dhe' moun dain:
fulmine (f)	လျှပ်စီး	hlja' si:
lampeggiare (vi)	လျှပ်ပြက်သည်	hlja' pje' te

tuono (m)	မိုးကြိုး	mou: kjou:
tuonare (vi)	မိုးကြိုးပစ်သည်	mou: gjou: pi' te
tuona	မိုးကြိုးပစ်သည်	mou: gjou: pi' te

| grandine (f) | မိုးသီး | mou: dhi: |
| grandina | မိုးသီးကြွေသည် | mou: dhi: gjwei de |

| inondare (vt) | ရေကြီးသည် | jei gji: de |
| inondazione (f) | ရေကြီးမှု | jei gji: hmu. |

terremoto (m)	လှုပ်	nga ljin
scossa (f)	တုန်ခါခြင်း	toun ga gjin:
epicentro (m)	လှုပ်ဗဟိုချက်	nga ljin ba hou che'

| eruzione (f) | မီးတောင်ပေါက်ကွဲခြင်း | mi: daun pau' kwe: gjin: |
| lava (f) | ချော်ရည် | cho ji |

tromba (f) d'aria	လေဆင်နှာမောင်း	lei zin hna maun:
tornado (m)	လေဆင်နှာမောင်း	lei zin hna maun:
tifone (m)	တိုင်ဖွန်းမုန်တိုင်း	tain hpun moun dain:
uragano (m)	ဟာရီကိန်းမုန်တိုင်း	ha ji gain: moun dain:
tempesta (f)	မုန်တိုင်း	moun dain:

Italiano	Birmano	Pronuncia
tsunami (m)	ဆူနာမီ	hsu na mi
ciclone (m)	ဆိုင်ကလုန်းမုန်တိုင်း	hsain ga. loun: moun dain:
maltempo (m)	ဆိုးရွားသောရာသီဥတု	hsou: jwa: de. ja dhi u. tu.
incendio (m)	မီးလောင်ခြင်း	mi: laun gjin:
disastro (m)	ဘေးအန္တရာယ်	bei: an daje
meteorite (m)	ဥက္ကာခဲ	ou' ka ge:
valanga (f)	ရေခဲနှင့်ကျောက်တုံး များထိုးကျခြင်း	jei ge: hnin kjau' toun: mja: htou: gja. gjin:
slavina (f)	လေတိုက်ပြီးဖြစ်နေ သောနှင်းပုံ	lei dou' hpji: bi' nei dho: hnin: boun
tempesta (f) di neve	နှင်းမုန်တိုင်း	hnin: moun dain:
bufera (f) di neve	နှင်းမုန်တိုင်း	hnin: moun dain:

FAUNA

87. Mammiferi. Predatori

predatore (m)	သားရဲ	tha: je:
tigre (f)	ကျား	kja:
leone (m)	ခြေသဲ့	chin dhei.
lupo (m)	ဝံပုလွေ	wun bu. lwei
volpe (m)	မြေခွေး	mjei gwei:
giaguaro (m)	ဂျက္ဂွာကျားသစ်မျိုး	gja gwa gja: dhi' mjou:
leopardo (m)	ကျားသစ်	kja: dhi'
ghepardo (m)	သစ်ကျွတ်	thi' kjou'
pantera (f)	ကျားသစ်နက်	kja: dhi' ne'
puma (f)	ပျူမားတောင်ခြေသဲ့	pju. ma: daun gjin dhei.
leopardo (m) delle nevi	ရေခဲတောင်ကျားသစ်	jei ge: daun gja: dhi'
lince (f)	လင့်ကြောင်မြီးတို	lin. gjaun mji: dou
coyote (m)	ဝံပုလွေငယ်တစ်မျိုး	wun bu. lwei nge di' mjou:
sciacallo (m)	ခွေးအ	khwei: a.
iena (f)	ဟိုင်အိန်းနား	hain i: na:

88. Animali selvatici

animale (m)	တိရစ္ဆာန်	tharei' hsan
bestia (f)	ခြေလေးချောင်းသတ္တဝါ	chei lei: gjaun: dhadawa
scoiattolo (m)	ရှဉ့်	shin.
riccio (m)	ဖြူကောင်	hpju gaun
lepre (f)	တောယုန်ကြီး	to: joun gji:
coniglio (m)	ယုန်	joun
tasso (m)	ခွေးတူဝက်တူကောင်	khwei: du we' tu gaun
procione (f)	ရက်ကွန်းဝံ	je' kwan: wan
criceto (m)	မြီးတိုပါးတွဲကြွက်	mji: dou ba: dwe: gjwe'
marmotta (f)	မားမိုတ်ကောင်	ma: mou. t gaun
talpa (f)	ဖွေး	pwei:
topo (m)	ကြွက်	kjwe'
ratto (m)	မြေကြွက်	mjei gjwe'
pipistrello (m)	လင်းနို့.	lin: nou.
ermellino (m)	အားမင်ကောင်	a: min gaun
zibellino (m)	ဆေဘာယဲ	hsei be
martora (f)	အသားစားအကောင်ငယ်	atha: za: akaun nge
donnola (f)	သားစားဖို့	tha: za: bjan
visone (m)	မင့်ခ်မြွေပါ	min kh mjwei ba

| castoro (m) | ဖျံကြီးတစ်မျိုး | hpjan gji: da' mjou: |
| lontra (f) | ဖျံ | hpjan |

cavallo (m)	မြင်း	mjin:
alce (m)	ဦးချိုပြားသော သမင်ကြီး	u: gjou bja: dho: thamin gji:
cervo (m)	သမင်	thamin
cammello (m)	ကုလားအုတ်	kala: ou'

bisonte (m) americano	အမေရိကန်ပြောင်	amei ji kan pjaun
bisonte (m) europeo	အောရက်စ်	o: re' s
bufalo (m)	ကျွဲ	kjwe:

zebra (f)	မြင်းကျား	mjin: gja:
antilope (f)	အပြေးမြန်သော တောဆိတ်	apjei: mjan de. hto: zei'
capriolo (m)	အရယ်ငယ်တစ်မျိုး	da. je nge da' mjou:
daino (m)	အရယ်	da. je
camoscio (m)	တောင်ဆိတ်	taun zei'
cinghiale (m)	တောဝက်ထီး	to: we' hti:

balena (f)	ဝေလငါး	wei la. nga:
foca (f)	ပင်လယ်ဖျံ	pin le bjan
tricheco (m)	ဝေါရုပ်စ်ဖျံ	wo: ra's hpjan
otaria (f)	အမွေးပါသောပင် လယ်ဖျံ	amwei: pa dho: bin le hpjan
delfino (m)	လင်းပိုင်	lin: bain

orso (m)	ဝက်ဝံ	we' wun
orso (m) bianco	ဝိုလာဝက်ဝံ	pou la we' wan
panda (m)	ပန်ဒါဝက်ဝံ	pan da we' wan

scimmia (f)	မျောက်	mjau'
scimpanzè (m)	ချင်ပင်ဇီမျောက်ဝံ	chin pin zi mjau' wan
orango (m)	အော်ရန်အူတန်လုဝံ	o ran u tan lu wun
gorilla (m)	ဂေါ်ရီလာမျောက်ဝံ	go ji la mjau' wun
macaco (m)	မာကာကွေမျောက်	ma ga gwei mjau'
gibbone (m)	မျောက်လွှေကျော်	mjau' hlwe: gjo

elefante (m)	ဆင်	hsin
rinoceronte (m)	ကြံ့	kjan.
giraffa (f)	သစ်ကုလားအုတ်	thi' ku. la ou'
ippopotamo (m)	ရေမြင်း	jei mjin:

| canguro (m) | သားပိုက်ကောင် | tha: bai' kaun |
| koala (m) | ကိုအာလာဝက်ဝံ | kou a la we' wun |

mangusta (f)	မွေပါ	mwei ba
cincillà (f)	ချင်းချီလာ	chin: chi la
moffetta (f)	စကန့်ခ်ဖျံ	sakan. kh hpjan
istrice (m)	ဖြူ	hpju

89. Animali domestici

gatta (f)	ကြောင်	kjaun
gatto (m)	ကြောင်ထီး	kjaun di:
cane (m)	ခွေး	khwei:

cavallo (m)	မြင်း	mjin:
stallone (m)	မြင်းထီး	mjin: di:
giumenta (f)	မြင်းမ	mjin: ma.
mucca (f)	နွား	nwa:
toro (m)	နွားထီး	nwa: di:
bue (m)	နွားထီး	nwa: di:
pecora (f)	သိုး	thou:
montone (m)	သိုးထီး	thou: hti:
capra (f)	ဆိတ်	hsei'
caprone (m)	ဆိတ်ထီး	hsei' hti:
asino (m)	မြည်း	mji:
mulo (m)	လား	la:
porco (m)	ဝက်	we'
porcellino (m)	ဝက်ကလေး	we' ka lei:
coniglio (m)	ယုန်	joun
gallina (f)	ကြက်	kje'
gallo (m)	ကြက်ဖ	kje' pha.
anatra (f)	ဘဲ	be:
maschio (m) dell'anatra	ဘဲထီး	be: di:
oca (f)	ဘဲငန်း	be: ngan:
tacchino (m)	ကြက်ဆင်	kje' hsin
tacchina (f)	ကြက်ဆင်	kje' hsin
animali (m pl) domestici	အိမ်မွေးတိရစ္ဆာန်များ	ein mwei: ti. ji. swan mja:
addomesticato (agg)	ယဉ်ပါးသော	jin ba: de.
addomesticare (vt)	ယဉ်ပါးစေသည်	jin ba: zei de
allevare (vt)	သားပေါက်သည်	tha: bau' te
fattoria (f)	စိုက်ပျိုးမွေးမြူရေးခြံ	sai' pjou: mwei: mju jei: gjan
pollame (m)	ကြက်ငှက်တိရစ္ဆာန်	kje' ti ji za hsan
bestiame (m)	ကျွဲနွားတိရစ္ဆာန်	kjwe: nwa: tarei. zan
branco (m), mandria (f)	အုပ်	ou'
scuderia (f)	မြင်းဇောင်း	mjin: zaun:
porcile (m)	ဝက်ခြံ	we' khan
stalla (f)	နွားတင်းကုပ်	nwa: din: gou'
conigliera (f)	ယုန်အိမ်	joun ein
pollaio (m)	ကြက်လှောင်အိမ်	kje' hlaun ein

90. Uccelli

uccello (m)	ငှက်	hnge'
colombo (m), piccione (m)	ခို	khou
passero (m)	စာကလေး	sa ga. lei:
cincia (f)	စာဝတီးငှက်	sa wadi: hnge'
gazza (f)	ငှက်ကျား	hnge' kja:
corvo (m)	ကျီးနက်	kji: ne'

cornacchia (f)	ကျီးကန်း	kji: kan:
taccola (f)	ဥရောပကျီးတစ်မျိုး	u. jo: pa gji: di' mjou:
corvo (m) nero	ကျီးအ	kji: a.

anatra (f)	ဘဲ	be:
oca (f)	ဘဲငန်း	be: ngan:
fagiano (m)	ရစ်ငှက်	ji' hnge'

aquila (f)	လင်းယုန်	lin: joun
astore (m)	သိမ်းငှက်	thain: hnge'
falco (m)	အမဲလိုက်သိမ်းငှက်တစ်မျိုး	ame: lai' thein: hnge' ti' mjou:
grifone (m)	လင်းတ	lin: da.
condor (m)	တောင်အမေရိကာလင်းတ	taun amei ri. ka. lin: da.

cigno (m)	ငန်း	ngan:
gru (f)	ငှက်ကုလား	hnge' ku. la:
cicogna (f)	ချည်ခင်စွပ်ငှက်	che gin zu' hnge'

pappagallo (m)	ကြက်တူရွေး	kje' tu jwei:
colibrì (m)	ငှက်ပိတုန်း	hnge' pi. doun:
pavone (m)	ဥဒေါင်း	u. daun:

struzzo (m)	ငှက်ကုလားအုတ်	hnge' ku. la: ou'
airone (m)	ဗျိုင်းငှက်	nga hi' hnge'
fenicottero (m)	ကြိုးကြာနီ	kjou: kja: ni
pellicano (m)	ငှက်ကြီးဝမ်းဗို	hnge' kji: wun bou

usignolo (m)	တေးဆိုငှက်	tei: hsou hnge'
rondine (f)	ပျံလွှား	pjan hlwa:

tordo (m)	မြေလှုးငှက်	mjei lu: hnge'
tordo (m) sasello	တေးဆိုမြေလှုးငှက်	tei: hsou mjei lu: hnge'
merlo (m)	ငှက်မည်း	hnge' mji:

rondone (m)	ပျံလွှားတစ်မျိုး	pjan hlwa: di' mjou:
allodola (f)	ဘီလုံးငှက်	bi loun: hnge'
quaglia (f)	ငုံး	ngoun:

picchio (m)	သစ်တောက်ငှက်	thi' tau' hnge'
cuculo (m)	ဥသြငှက်	udhja hnge'
civetta (f)	ဇီးကွက်	zi: gwe
gufo (m) reale	သိမ်းငှက်အနွယ်ဝင်ဇီးကွက်	thain: hnge' anwe win zi: gwe'
urogallo (m)	ရစ်	ji'
fagiano (m) di monte	ရစ်နက်	ji' ne'
pernice (f)	ခါ	kha

storno (m)	ကျွဲဆက်ရက်	kjwe: hse' je'
canarino (m)	စာဝါငှက်	sa wa hnge'
francolino (m) di monte	ရစ်ညို	ji' njou

fringuello (m)	စာကျွဲခေါင်း	sa gjwe: gaun:
ciuffolotto (m)	စာကျွဲခေါင်းငှက်	sa gjwe: gaun: hngwe'

gabbiano (m)	စင်ရော်	sin jo
albatro (m)	ပင်လယ်စင်ရော်ကြီး	pin le zin jo gji:
pinguino (m)	ပင်ဝင်း	pin gwin:

91. Pesci. Animali marini

abramide (f)	ငါးကြင်းတစ်မျိုး	nga: gjin: di' mjou
carpa (f)	ငါးကြင်း	nga gjin:
perca (f)	ငါးပြမတစ်မျိုး	nga: bjei ma. di' mjou:
pesce (m) gatto	ငါးခူ	nga: gu
luccio (m)	ပိုက်ငါး	pai' nga

salmone (m)	ဆော်လမွန်ငါး	hso: la. mun nga:
storione (m)	စတာဂျင်ငါးကြီးမျိုး	sata gjin nga: gji: mjou:

aringa (f)	ငါးသလောက်	nga: dha. lau'
salmone (m)	ဆော်လမွန်ငါး	hso: la. mun nga:
scombro (m)	မက်ကရယ်ငါး	me' ka. je nga:
sogliola (f)	ဥရောပ ငါးခွေး လျှာတစ်မျိုး	u. jo: pa nga: gwe: sha di' mjou:

lucioperca (f)	ငါးပြမအနွယ် ဝင်ငါးတစ်မျိုး	nga: bjei ma. anwe win nga: di' mjou:
merluzzo (m)	ငါးကြီးဆီထုတ်သောငါး	nga: gji: zi dou' de. nga:
tonno (m)	တူနာငါး	tu na nga:
trota (f)	ထရောက်ငါး	hta. jau' nga:

anguilla (f)	ငါးရှဉ့်	nga: shin.
torpedine (f)	ငါးလက်တုံ	nga: le' htoun
murena (f)	ငါးရှဉ့်ကြီးတစ်မျိုး	nga: shin. gji: da' mjou:
piranha (f)	အသားစားငါးငယ်တစ်မျိုး	atha: za: nga: nge ti' mjou:

squalo (m)	ငါးမန်း	nga: man:
delfino (m)	လင်းပိုင်	lin: bain
balena (f)	ဝေလငါး	wei la. nga:

granchio (m)	ကဏန်း	kanan:
medusa (f)	ငါးဖန်ခွက်	nga: hpan gwe'
polpo (m)	ရေဘဝဲ	jei ba. we:

stella (f) marina	ကြယ်ငါး	kje nga:
riccio (m) di mare	သိပုခြုပ်	than ba. gjou'
cavalluccio (m) marino	ရေနဂါး	jei naga:

ostrica (f)	ကမာကောင်	kama kaun
gamberetto (m)	ပုစွန်	bazun
astice (m)	ကျောက်ပုစွန်	kjau' pu. zun
aragosta (f)	ကျောက်ပုစွန်	kjau' pu. zun

92. Anfibi. Rettili

serpente (m)	မြွေ	mwei
velenoso (agg)	အဆိပ်ရှိသော	ahsei' shi. de.

vipera (f)	မြွေပွေး	mwei bwei:
cobra (m)	မြွေဟောက်	mwei hau'
pitone (m)	စပါးအုံးမြွေ	saba: oun: mwei

boa (m)	ဝပါကြီးမြွေ	saba: gji: mwei
biscia (f)	မြက်လှောမြွေ	mje' sho: mwei
serpente (m) a sonagli	ခလောက်ဆွဲမြွေ	kha. lau' hswe: mwei
anaconda (f)	အနာကွန်ဒါမြွေ	ana kun da mwei

lucertola (f)	တွားသွားသတ္တဝါ	twa: dhwa: tha' tawa
iguana (f)	ဖွတ်	hpu'
varano (m)	ပုတ်သင်	pou' thin
salamandra (f)	ရေပုတ်သင်	jei bou' thin
camaleonte (m)	ပုတ်သင်ညို	pou' thin njou
scorpione (m)	ကင်းမြီးကောက်	kin: mji: kau'

tartaruga (f)	လိပ်	lei'
rana (f)	ဖား	hpa:
rospo (m)	ဖားပြုပ်	hpa: bju'
coccodrillo (m)	မိကျောင်း	mi. kjaun:

93. Insetti

insetto (m)	ပိုးများ	pou: hmwa:
farfalla (f)	လိပ်ပြာ	lei' pja
formica (f)	ပုရွက်ဆိတ်	pu. jwe' hsei'
mosca (f)	ယင်ကောင်	jin gaun
zanzara (f)	ခြင်	chin
scarabeo (m)	ပိုးတောင်မာ	pou: daun ma

vespa (f)	နကျယ်ကောင်	na. gje gaun
ape (f)	ပျား	pja:
bombo (m)	ပိတုန်း	pi. doun:
tafano (m)	မှက်	hme'

ragno (m)	ပင့်ကူ	pjin. gu
ragnatela (f)	ပင့်ကူအိမ်	pjin gu ein

libellula (f)	ပုစဉ်း	bazin
cavalletta (f)	နံကောင်	hnan gaun
farfalla (f) notturna	ပိုးဖလံ	pou: ba. lan

scarafaggio (m)	ပိုးဟပ်	pou: ha'
zecca (f)	မွှား	hmwa:
pulce (f)	သန်း	than:
moscerino (m)	မှက်အသေးစား	hme' athei: za:

locusta (f)	ကျိုင်းကောင်	kjain: kaun
lumaca (f)	ခရု	khaju.
grillo (m)	ပုရစ်	paji'
lucciola (f)	ပိုးစုန်းကြူး	pou: zoun: gju:
coccinella (f)	လေဒီဘတ်ပိုးတောင်မာ	lei di ba' pou: daun ma
maggiolino (m)	အုန်းပိုး	oun: bou:

sanguisuga (f)	မျှော	hmjo.
bruco (m)	ပေါက်ဖတ်	pau' hpe'
verme (m)	တီကောင်	ti gaun
larva (f)	ပိုးတုံးလုံး	pou: doun: loun:

FLORA

albero (m)	သစ်ပင်	thi' pin
deciduo (agg)	ရွက်ပြတ်	jwe' pja'
conifero (agg)	ထင်းရှူးပင်နှင့်ဆိုင်သော	htin: shu: bin hnin. zain de.
sempreverde (agg)	အဲဘားဂရင်းပင်	e ba: ga rin: bin
melo (m)	ပန်းသီးပင်	pan: dhi: bin
pero (m)	သစ်တော်ပင်	thi' to bin
ciliegio (m)	ချယ်ရီသီးအချိုပင်	che ji dhi: akjou bin
amareno (m)	ချယ်ရီသီးအချဉ်ပင်	che ji dhi: akjin bin
prugno (m)	ဆီးပင်	hsi: bin
betulla (f)	ဘုဇဗတ်ပင်	bu. za. ba' pin
quercia (f)	ဝက်သစ်ချပင်	we' thi' cha. bin
tiglio (m)	လင်ဒန်ပင်	lin dan pin
pioppo (m) tremolo	ပေါ်ပလာပင်တစ်မျိုး	po. pa. la bin di' mjou:
acero (m)	မေပယ်ပင်	mei pe bin
abete (m)	ထင်းရှူးပင်တစ်မျိုး	htin: shu: bin ti' mjou:
pino (m)	ထင်းရှူးပင်	htin: shu: bin
larice (m)	ကတောကွုံထင်းရှူးပင်	ka dau. boun din: shu: pin
abete (m) bianco	ထင်းရှူးပင်တစ်မျိုး	htin: shu: bin ti' mjou:
cedro (m)	သစ်ကတိုးပင်	thi' gadou: bin
pioppo (m)	ပေါ်ပလာပင်	po. pa. la bin
sorbo (m)	ရာအန်ပင်	ra an bin
salice (m)	မိုးမဂပင်	mou: ma. ga. bin
alno (m)	အိုလ်ဒါပင်	oun da bin
faggio (m)	ယင်းသစ်	jin: dhi'
olmo (m)	အမ်ပင်	an bin
frassino (m)	အက်ရှ်အာပင်	e' sh apin
castagno (m)	သစ်အယ်ပင်	thi' e
magnolia (f)	တတိုင်းမွေးပင်	ta tain: hmwei: bin
palma (f)	ထန်းပင်	htan: bin
cipresso (m)	စိုက်ပရက်စ်ပင်	sai' pa. je's pin
mangrovia (f)	လမူပင်	la. mu. bin
baobab (m)	ကန္တာရဗေပါက်ပင်တစ်မျိုး	kan ta ja. bau' bin di' chju:
eucalipto (m)	ယူကလစ်ပင်	ju kali' pin
sequoia (f)	ဆီကွို့လာပင်	hsi gwou la pin

cespuglio (m)	ချုံပုတ်	choun bou'
arbusto (m)	ချုံ	choun

| vite (f) | ဝပျစ် | zabji' |
| vigneto (m) | ဝပျစ်ခြံ | zabji' chan |

lampone (m)	ရတ်စဘယ်ရီ	re' sa be ji
ribes (m) nero	ဘလက်ကားရန့်	ba. le' ka: jan.
ribes (m) rosso	အနီရောင်ဘယ်ရီသီး	ani jaun be ji dhi:
uva (f) spina	ကုလားဆီးဖြူပင်	kala: zi: hpju pin

acacia (f)	အကေရှားပင်	akei sha: bin:
crespino (m)	ဘားဘယ်ရီပင်	ba: be' ji bin
gelsomino (m)	စံပယ်ပင်	san be bin

ginepro (m)	ဂျုနီပါပင်	gju ni ba bin
roseto (m)	နှင်းဆီခြံ	hnin: zi gjun
rosa (f) canina	တောရိုင်းနှင်းဆီပင်	to: ein: hnin: zi bin

96. Frutti. Bacche

| frutto (m) | အသီး | athi: |
| frutti (m pl) | အသီးများ | athi: mja: |

mela (f)	ပန်းသီး	pan: dhi:
pera (f)	သစ်တော်သီး	thi' to dhi:
prugna (f)	ဆီးသီး	hsi: dhi:

fragola (f)	စတော်ဘယ်ရီသီး	sato be ri dhi:
amarena (f)	ချယ်ရီဂျင်သီး	che ji gjin dhi:
ciliegia (f)	ချယ်ရီဂျူးသီး	che ji gjou dhi:
uva (f)	ဝပျစ်သီး	zabji' thi:

lampone (m)	ရတ်စဘယ်ရီ	re' sa be ji
ribes (m) nero	ဘလက်ကားရန့်	ba. le' ka: jan.
ribes (m) rosso	အနီရောင်ဘယ်ရီသီး	ani jaun be ji dhi:
uva (f) spina	ကလားဆီးဖြူ	ka. la: his: hpju
mirtillo (m) di palude	ကရမ်ဘယ်ရီ	ka. jan be ji

arancia (f)	လိမ္မော်သီး	limmo dhi:
mandarino (m)	ပျားလိမ္မော်သီး	pja: lein mo dhi:
ananas (m)	နာနတ်သီး	na na' dhi:
banana (f)	ငှက်ပျောသီး	hnge' pjo: dhi:
dattero (m)	စွန်ပလွံသီး	sun palun dhi:

limone (m)	သံပုယိုသီး	than bu. jou dhi:
albicocca (f)	တရုတ်ဆီးသီး	jau' hsi: dhi:
pesca (f)	မက်မွန်သီး	me' mwan dhi:

| kiwi (m) | ကီဝီသီး | ki wi dhi |
| pompelmo (m) | ဂရိတ်ဖရုသီး | ga. ri' hpa. ju dhi: |

bacca (f)	ဘယ်ရီသီး	be ji dhi:
bacche (f pl)	ဘယ်ရီသီးများ	be ji dhi: mja:
mirtillo (m) rosso	အနီရောင်ဘယ်ရီသီးတစ်မျိုး	ani jaun be ji dhi: di: mjou:
fragola (f) di bosco	စတော်ဘယ်ရီရိုင်း	sato be ri jain:
mirtillo (m)	ဘီလဘယ်ရီအသီး	bi' l be ji athi:

93

97. Fiori. Piante

fiore (m)	ပန်း	pan:
mazzo (m) di fiori	ပန်းစည်း	pan: ze:
rosa (f)	နှင်းဆီပန်း	hnin: zi ban:
tulipano (m)	ကျူးလစ်ပန်း	kju: li' pan:
garofano (m)	ဇော်မွားပန်း	zo hmwa: bin:
gladiolo (m)	သစ္စာပန်း	thi' sa ban:
fiordaliso (m)	အပြာရောင်တောပန်းတစ်မျိုး	apja jaun dho ban: da' mjou:
campanella (f)	ခေါင်းရန်းအပြာပန်း	gaun: jan: apja ban:
soffione (m)	တောပန်းအဝါတစ်မျိုး	to: ban: awa ti' mjou:
camomilla (f)	မေၚွ့ပန်း	mei. mjou. ban:
aloe (m)	ရှားစောင်းလက်ပတ်ပင်	sha: zaun: le' pa' pin
cactus (m)	ရှားစောင်းပင်	sha: zaun: bin
ficus (m)	ရော်ဘာပင်	jo ba bin
giglio (m)	နှင်းပန်း	hnin: ban:
geranio (m)	ကြွေပန်းတစ်မျိုး	kjwei ban: da' mjou:
giacinto (m)	ဗေဒါပန်း	bei da ba:
mimosa (f)	ထိကရုံကြီးပင်	hti. ga. joun: gji: bin
narciso (m)	နားစီဆက်စ်ပင်	na: zi ze's pin
nasturzio (m)	တောင်ကြာကလေး	taun gja galei:
orchidea (f)	သစ်ခွပင်	thi' khwa. bin
peonia (f)	စနပ္ပန်း	san dapan:
viola (f)	ဗိုင်းအိုးလက်	bain: ou le'
viola (f) del pensiero	ပေါင်ဒါပန်း	paun da ban:
nontiscordardimé (m)	ခင်မမေ့ပန်း	khin ma. mei. pan:
margherita (f)	ဒေစီပင်	dei zi bin
papavero (m)	ဘိန်းပင်	bin: bin
canapa (f)	ဆေးခြောက်ပင်	hsei: chau' pin
menta (f)	ပူစီနံ	pu zi nan
mughetto (m)	နှင်းပန်းတစ်မျိုး	hnin: ban: di' mjou:
bucaneve (m)	နှင်းခေါင်းလောင်းပန်း	hnin: gaun: laun: ban:
ortica (f)	ဖက်ယားပင်	hpe' ja: bin
acetosa (f)	မော်ရှဉ်ပင်	hmjo gji bin
ninfea (f)	ကြာ	kja
felce (f)	ဖန်းပင်	hpan: bin
lichene (m)	သစ်ကပ်မော်	thi' ka' hmo
serra (f)	ဖန်လုံအိမ်	hpan ain
prato (m) erboso	မြက်ခင်း	mje' khin:
aiuola (f)	ပန်းစိုက်ခင်း	pan: zai' khan:
pianta (f)	အပင်	apin
erba (f)	မြက်	mje'
filo (m) d'erba	ရွက်မွှန်း	jwe' chun:

foglia (f)	အရွက်	ajwa'
petalo (m)	ပွင့်ချပ်	pwin: gja'
stelo (m)	ပင်စည်	pin ze
tubero (m)	ဥမြစ်	u. mi'

germoglio (m)	အစို့အညှောက်	asou./a hnjau'
spina (f)	ဆူး	hsu:

fiorire (vi)	ပွင့်သည်	pwin: de
appassire (vi)	ညှိုးနွမ်းသည်	hnjou: nun: de
odore (m), profumo (m)	အနံ့	anan.
tagliare (~ i fiori)	ရိတ်သည်	jei' te
cogliere (vt)	ခူးသည်	khu: de

98. Cereali, granaglie

grano (m)	နှံစားပင်တို့ ၏ အစေ့အဆံ့	hnan za: bin dou. i. asei. ahsan
cereali (m pl)	ကောက်ပဲသီးနှံ	kau' pe: dhi: nan
spiga (f)	အနှံ	ahnan

frumento (m)	ဂျုံ	gja. mei: ka:
segale (f)	ဂျုံရိုင်း	gjoun jain:
avena (f)	မြင်းစားဂျုံ	mjin: za: gjoun
miglio (m)	ကောက်ပဲသီးနှံပင်	kau' pe: dhi: nan bin
orzo (m)	မုယောစပါး	mu. jo za. ba:

mais (m)	ပြောင်းဖူး	pjaun: bu:
riso (m)	ဆန်စပါး	hsan zaba
grano (m) saraceno	ပန်းဂျုံ	pan: gjun

pisello (m)	ပဲစေ့	pe: zei.
fagiolo (m)	ပဲလုံးစားပဲ	bou za: be:
soia (f)	ပဲပုပ်ပဲ	pe: bou' pe
lenticchie (f pl)	ပဲနီကလေး	pe: ni ga. lei:
fave (f pl)	ပဲအမျိုးမျိုး	pe: amjou: mjou:

PAESI

99. Paesi. Parte 1

Afghanistan (m)	အာဖဂန်နစ္စတန်	apha. gan na' tan
Albania (f)	အယ်လ်ဘေးနီးယား	e l bei: ni: ja:
Arabia Saudita (f)	ဆော်ဒီအာရေ့ဗီးယား	hso: di a jei. bi: ja:
Argentina (f)	အာဂျင်တီးနား	agin ti: na:
Armenia (f)	အာမေးနီးယား	a me: ni: ja:
Australia (f)	ဩစတြေးလျ	thja za djei: lja
Austria (f)	ဩစတြီးယား	o. sa. tji: ja:
Azerbaigian (m)	အာဇာဘိုင်ဂျန်း	a za bain gjin:
Le Bahamas	ဘာဟာမက်	ba ha me'
Bangladesh (m)	ဘင်္ဂလားဒေ့ရှ်	bang la: dei. sh
Belgio (m)	ဘယ်လ်ဂျီယံ	be l gji jan
Bielorussia (f)	ဘီလာရုစ်	bi la ju'
Birmania (f)	မြန်မာ	mjan ma
Bolivia (f)	ဘိုလစ်ဗီးယား	bou la' bi: ja:
Bosnia-Erzegovina (f)	ဘော့စ်နီးယားနှင့်ဟာဇီဂိုဗီနာ	bo'. ni: ja: hnin. ha zi gou bi na
Brasile (m)	ဘရာဇီလ်	ba. ra zi'l
Bulgaria (f)	ဘူလ်ဂေးရီးယား	bou gei: ji: ja
Cambogia (f)	ကမ္ဘောဒီးယား	ga khan ba di: ja:
Canada (m)	ကနေဒါနိုင်ငံ	ka. nei da nain gan
Cile (m)	ချီလီ	chi li
Cina (f)	တရုတ်	tajou'
Cipro (m)	ဆူးပရက်စ်	hsu: pa. je' s te.
Colombia (f)	ကိုလံဘီးယား	kou lan: bi: ja:
Corea (f) del Nord	မြောက်ကိုရီးယား	mjau' kou ji: ja:
Corea (f) del Sud	တောင်ကိုရီးယား	taun kou ri: ja:
Croazia (f)	ခရိုအေးရှား	kha. jou ei: sha:
Cuba (f)	ကျူးဘား	kju: ba:
Danimarca (f)	ဒိန်းမတ်	dein: ma'
Ecuador (m)	အီကွေဒေါ	i kwei: do:
Egitto (m)	အီဂျစ်	igji'
Emirati (m pl) Arabi	အာရပ်နိုင်ငံများ	a ra' nain ngan mja:
Estonia (f)	အက်စ်တိုးနီးယား	e's to' ni: ja:
Finlandia (f)	ဖင်လန်	hpin lan
Francia (f)	ပြင်သစ်	pjin dhi'

100. Paesi. Parte 2

Georgia (f)	ဂျော်ဂျီယာ	gjo gji ja
Germania (f)	ဂျာမန်	gja man
Ghana (m)	ဂါနာ	ga na

Giamaica (f)	ဂျမေးကား	g'me:kaa:
Giappone (m)	ဂျပန်	gja pan
Giordania (f)	ဂျော်ဒန်	gjo dan
Gran Bretagna (f)	အင်္ဂလန်	angga. lan
Grecia (f)	ဂရိ	ga. ri.

Haiti (m)	ဟိုင်တီ	hain ti
India (f)	အိန္ဒိယ	indi. ja
Indonesia (f)	အင်ဒိုနီးရှား	in do ni: sha:
Inghilterra (f)	အင်္ဂလန်	angga. lan
Iran (m)	အီရန်	iran
Iraq (m)	အီရတ်	ira'
Irlanda (f)	အိုင်ယာလန်	ain ja lan
Islanda (f)	အိုက်စလန်း	ai' sa lan:
Israele (m)	အစ္စရေး	a' sa. jei:
Italia (f)	အီတလီ	ita. li

Kazakistan (m)	ကာဇက်စတန်	ka ze' satan
Kenya (m)	ကင်ညာ	kin nja
Kirghizistan (m)	ကာဂျီကစ္စတန်	ki' ji ki' za. tan
Kuwait (m)	ကူဝိတ်	ku wi'

Laos (m)	လာအို	la ou
Lettonia (f)	လတ်ဗီယန်	la' bi jan
Libano (m)	လက်ဘနွန်	le' ba. nun
Libia (f)	လီဗီယာ	li bi ja
Liechtenstein (m)	ဘာဒီကန်လူမျိုး	ba di gan dhu mjo:
Lituania (f)	လစ်သူနီယဲ	li' thu ni jan
Lussemburgo (m)	လူဇင်ဘောဂ	lju hsan bo.

Macedonia (f)	မက်ဆီဒိုးနီးယား	me' hsi: dou: ni: ja:
Madagascar (m)	မာဒဂက်ကာစကာ	ma de' ka za ga
Malesia (f)	မလေးရှား	ma. lei: sha:
Malta (f)	မာလ္တာ	ma ta
Marocco (m)	မော်ရိုကို	mo jou gou
Messico (m)	မက္ကစီကိုနိုင်ငံ	me' ka. hsi kou nain ngan
Moldavia (f)	မိုဒိုဗာ	mou dou ja
Monaco (m)	မိုနာကို	mou na kou
Mongolia (f)	မွန်ဂိုလီးယား	mun gou li: ja:
Montenegro (m)	မွန်တန်နီဂရို	mun dan ni ga. jou

Namibia (f)	နမီးဘီးယား	nami: bi: ja:
Nepal (m)	နီပေါ	ni po:
Norvegia (f)	နော်ဝေး	no wei:
Nuova Zelanda (f)	နယူးဇီလန်	na. ju: zi lan

101. Paesi. Parte 3

Paesi Bassi (m pl)	နယ်သာလန်	ne dha lan
Pakistan (m)	ပါကစ္စတန်	pa ki' sa. tan
Palestina (f)	ပါလက်စတိုင်း	pa le' sa tain:
Panama (m)	ပနားမား	pa. na: ma:
Paraguay (m)	ပါရာဂွေး	pa ja gwei:
Perù (m)	ပီရူး	pi ju:

Polinesia (f) Francese	ပြင်သစ် ပေါ်လီးနီးရှား	pjin dhi' po li: ni: sha:
Polonia (f)	ပိုလန်	pou lan
Portogallo (f)	ပေါ်တူဂီ	po tu gi

Repubblica (f) Ceca	ချက်	che'
Repubblica (f) Dominicana	ဒိုမီနီကန်	dou mi ni kan
Repubblica (f) Sudafricana	တောင်အာဖရိက	taun a hpa. ji. ka.
Romania (f)	ရူမေးနီးယား	ru mei: ni: ja:
Russia (f)	ရုရှား	ru. sha:

Scozia (f)	စကော့တလန်	sa. ko: talan
Senegal (m)	ဆယ်နီဂေါ်	hse ni go
Serbia (f)	ဆယ်ဘီယံ	hse bi jan.
Siria (f)	ဆီးရီးယား	hsi: ji: ja:
Slovacchia (f)	ဆလိုဗာကီယာ	hsa. lou ba ki ja
Slovenia (f)	ဆလိုဗီနီးယား	hsa. lou bi ni: ja:

Spagna (f)	စပိန်	sapein
Stati (m pl) Uniti d'America	အမေရိကန် ပြည်ထောင်စု	amei ji kan pji htaun zu
Suriname (m)	ဆူရီနိမ်း	hsu. ji nei:
Svezia (f)	ဆွီဒင်	hswi din
Svizzera (f)	ဆွစ်ဇာလန်	hswa' za lan

Tagikistan (m)	တာဂျစ်ကစ္စတန်	ta gji' ki' sa. tan
Tailandia (f)	ထိုင်း	htain:
Taiwan (m)	ထိုင်ဝမ်	htain wan
Tanzania (f)	တန်ဇားနီးယား	tan za: ni: ja:
Tasmania (f)	တာစ်မေးနီးယား	ta. s mei: ni: ja:
Tunisia (f)	တူနစ်ရှား	tu ni' sha:
Turchia (f)	တူရကီ	tu ra. ki
Turkmenistan (m)	တာ့မင်နစ္စတန်	ta' min ni' sa. tan

Ucraina (f)	ယူကရိန်း	ju ka. jein:
Ungheria (f)	ဟန်ဂေရီ	han gei ji
Uruguay (m)	အူရူဂွေး	ou. ju gwei:
Uzbekistan (m)	ဥဇဘက်ကစ္စတန်	u. za. be' ki' sa. tan

Vaticano (m)	ဘာတိကန်	ba di gan
Venezuela (f)	ဗယ်နီဇွဲလား	be ni zwe: la:
Vietnam (m)	ဗီယက်နမ်	bi je' nan
Zanzibar	ဇန်ဇီဘာ	zan zi ba